Stephan Schmitt
Schuster, pfeif auf deine Leisten!

AF139074

Für Kerstin,
die mir Emelie und Jakob geschenkt hat

Stephan Schmitt, hat in fast 15 Jahren Vertrieb weit mehr als 1.000 Trainingstage gegeben. In über 2.000 Einzelcoachings erarbeitet er mit seinen Klienten die Grenzen, die sie sich wegen scheinbarer Vorgaben oder Mustern selbst setzen. Frei nach dem Motto „Schuster, pfeif auf deine Leisten" ermutigt Stephan Schmitt immer wieder alte Paradigmen über Bord zu werfen und einen Neuanfang zu wagen, um die Träume zu leben, die wir schon immer geträumt haben!

Stephan Schmitt

Schuster, pfeif auf deine Leisten!

Blockaden sprengen und
den eigenen Traum leben

Bibliografische Information der Deutschen Nationalbibliothek:
Die Deutsche Nationalbibliothek verzeichnet diese Publikation in der Deutschen Nationalbibliografie; detaillierte bibliografische Daten sind im Internet über http://dnb.dnb.de abrufbar.

© 2015 Stephan Schmitt
2. Auflage

Cover: Reklamering Werbeagentur GbR,
www.reklamering.de

Herstellung und Verlag: BoD – Books on Demand, Norderstedt

ISBN: 978-3-7322-5582-5

Inhalt

Vorwort

Liebe Leser(in),

mit Freude und Begeisterung habe ich die Bitte von Stephan angenommen, das Vorwort für sein neues Buch zu schreiben. Und zwar deshalb, weil ich felsenfest davon überzeugt bin, dass jeder Mensch von seinen Inhalten enorm profitieren wird.

Als Stephan vor einigen Jahren das erste Seminar bei mir besucht, erkannte ich sofort das außergewöhnliche Potenzial, das in ihm steckt. Er stach einfach heraus durch sein Wissen, seinen Enthusiasmus – und sein außergewöhnliches Charisma.

Mit Freude erlebte ich, wie er sich dann von Seminar zu Seminar immer weiter entwickelte. Und heute ist er ein mehr als gefragter Referent, der Tausenden von Menschen hilft, aus ihrer Komfortzone herauszukommen, quer zu denken, den Status quo nicht anzuerkennen, neue Wege zu gehen, hin zu mehr Erfolg, zu mehr Zufriedenheit, zu mehr Lebensglück.

Lesen Sie dieses Buch, nein, noch besser: Arbeiten Sie dieses Buch mehrmals durch. Beantworten Sie sich die Fragen, die Stephan in jedem Kapitel stellt, und kommen Sie auf diese Weise gleich ins Handeln und übertragen Sie dieses wertvolle Wissen gleich auf Ihr Leben.

Herzlichst Ihr

Jürgen Höller

Lebens- und Erfolgs-Motivator –
(www.juergenhoeller.com
und tägliche Inspirationen auf Facebook)

Einleitung

Immer wenn ich mich dafür entscheide, ein Buch zu kaufen, dann ist mir die Lektüre entweder empfohlen worden oder ich habe sie beim Surfen im Netz bzw. in einer ganz normalen Buchhandlung beim Stöbern entdeckt. Meistens lese ich bei Interesse immer zuerst die Umschlagrückseite und blättere dann durchs Inhaltsverzeichnis. Wenn mich beides anspricht, dann kaufe ich ziemlich schnell und habe dann natürlich auch eine gewisse Erwartungshaltung. Natürlich werden auch Sie eine Erwartungshaltung an mein Buch haben, und ich werde versuchen, diese auch zu erfüllen. Aber dazu brauche ich Ihre Hilfe.

Die Bücher, die mir bisher in meinem Leseleben das meiste gebracht haben, waren immer die Bücher, die ich nicht nur gelesen habe, sondern auch etwas ausarbeiten musste. Ganz ehrlich: Als ich meine ersten Bücher zum Durcharbeiten kaufte, überblätterte ich alle Aufgaben und war in gewohnter Geschwindigkeit durch. Doch irgendwann habe ich den tieferen Sinn erkannt, habe einige Bücher nochmals gelesen und auch durchgearbeitet und so enorm viele Erkenntnisse, Lernprozesse und auch Potenziale für mich entdecken können. Während einer meiner tiefsten finanziellen Krisen (siehe Kapitel „Der erste Wechsel") half mir z. B. das Buch von Jürgen Höller „Sprenge Deine Grenzen" über diese Zeit hinweg und hat mich immer wieder zum Nach- und auch Überdenken von eingefahrenen Glaubenssätzen gebracht.

Mit diesem Buch bekommen Sie Einblicke in mein Leben. Es stellt dabei keine Autobiografie im herkömmlichen Sinne dar, das war übrigens auch nicht mein Ziel, als ich mit dem Schreiben begonnen habe, sondern ich habe mich gefragt: „Was kann ich aus all meinen Erfahrungen rückblickend lernen und für meine zukünftige Entwicklung ableiten?" Und da ich ja Erfolgs- und Verkaufstrainer bin, habe ich mich selbstverständlich auch gefragt: „Was kann jemand anderes aus meinen Erfahrungen lernen?" Wir müssen schließlich nicht alle Erfahrungen selbst machen und jeden Lernprozess selbst durchlaufen. Und so ist ein Buch entstanden, in dem ich Ihnen immer eine kurze Episode aus meinem Leben schildere und Ihnen dann eine Frage zu Ihrem Leben stelle. Ich selbst bin auf den nächsten Seiten gar nicht so wichtig. Es geht um Sie und Ihre Entwicklung!

Ich wünsche Ihnen viel Spaß beim Lesen, aber natürlich auch viele Erkenntnisse! Natürlich kann ich Sie nicht zwingen, auch wirklich alle Aufgaben abzuarbeiten, aber ich empfehle Ihnen, zumindest die zu beantworten, bei welchen Sie ein ungutes Gefühl oder sogar ein kleines Magengrummeln empfinden. Tun Sie es nicht für mich oder jemand anderes. Tun Sie es für sich. Unser Leben ist ein „Do-it-yourself-Projekt" und niemand anderes außer Ihnen selbst ist dafür verantwortlich, ob sich Ihre Ziele, Wünsche und Träume auch erfüllen. Doch dazu gehören Selbstvertrauen, Kraft und der Mut, mit alten Konventionen und Mustern zu brechen.

Vielleicht kann ich Sie dazu animieren, immer häufiger „Schuster, pfeif auf deine Leisten!" zu denken, um das Potenzial in sich zu entdecken, das tief im Verborgenen schlummert.

Stephan Schmitt
Dachsbach, August 2013

07.03.2009 – Die Vision beginnt

Am 07.03.2009 dachte ich das erste Mal an meine Vision. Ich wollte quasi aus dem Nichts heraus im Jahr 2015 als Sprecher vor mindestens 2.500 Personen stehen. Die Idee kam mir, als ich an eben diesem 07.03.2009 zu Gast auf dem Motivationstag von Jürgen Höller in Nürnberg war. Ich kannte Jürgen Höller nur von Büchern und war gespannt auf diesen Tag. Als die verschiedenen Referenten nun ihre Vorträge hielten, merkte ich in mir ein ungeheures Verlangen, auch auf der Bühne stehen zu dürfen. Mit jedem weiteren Sprecher wurde der Magnet stärker, und ich war von der Idee so gefesselt, dass ich bei Jürgen Höllers Signierstunde auf ihn zuging und ihn fragte: „Herr Höller, was muss ich tun, um im Jahr 2015 als ein Sprecher bei Ihnen auf der Bühne stehen zu dürfen?" Er blickte zu mir hoch und fragte: „Nun, hast du schon Referenzen, Videomitschnitte und wie ist dein Thema?" Und da waren sie wieder, meine drei Probleme: Ich hatte weder Referenzen noch irgendwelche Video- oder Tonmitschnitte, von einem Thema ganz zu schweigen.

Doch schon 2,5 Jahre später, im Dezember 2011, fragte mich Jürgen Höller von sich aus, ob ich mir vorstellen könne, am Motivationstag 2013 mit ihm und weiteren Referenten auf der Bühne zu stehen. Ich hatte meine Vision also bereits zwei Jahre früher verwirklicht.

Wie habe ich es geschafft, dieses Ziel bereits zwei Jahre früher erfüllt zu bekommen? Und

welche Voraussetzungen habe ich alles mitge-
bracht? Am besten, ich beginne von ganz vorne ...

Ein lebhafter Schüler

Ich bin die ersten vier Jahre in einem kleinen Dorf im Steigerwald mit 30 Einwohnern aufgewachsen. Im beschaulichen Lerchenhöchstadt kam ich als erster Sohn meiner Eltern zur Welt und wurde in das Dorfgasthaus mit zugehöriger Landwirtschaft meiner Großeltern väterlicherseits hineingeboren. Ich kann mich vage daran erinnern, dass damals nur eine Schotterstraße zu uns führte und nach jedem Regenschauer in den Schlaglöchern herrliche Wasserpfützen standen. Trotzdem war Lerchenhöchstadt eben wegen unserer Wirtschaft ein Magnet, der die Städter aus den umliegenden Großstädten wie Nürnberg, Erlangen oder Würzburg angezogen hat. Anfang August stand immer das Highlight des Jahres auf dem Programm – die Kirchweih mit Festzelt, fränkischem Essen und natürlich gutem Festbier. Die idealen Bedingungen also für eine große Sprecherkarriere.

Als ich vier Jahre alt war, bin ich dann mit meinen Eltern in das ca. 20 Kilometer entfernte Diespeck gezogen. Dort ging ich dann auch in den Kindergarten und in die Grundschule. Ich war ein durchschnittlicher Schüler und schon in meinem allerersten Zeugnis stand geschrieben: „Stephan ist ein lebhafter und selbstbewusster Schüler, dem es manchmal noch schwer fällt, sich an die in der Klasse geltenden Regeln zu halten. Dem Unterreicht folgt er mit wechselnder Aufmerksamkeit und Mitarbeit, da er sich leicht ablenken lässt bzw. selbst ablenkt." Und diese Bemerkungen setzten sich in leicht abgeänderter

Form in fast jeder Jahrgangsstufe fort. Scheinbar hatten damals meine Lehrer schon eine sehr gute Menschenkenntnis, denn ich war nie jemand, der sich gerne an Vorschriften oder Regeln gehalten hat. Bitte nicht falsch verstehen, ich halte mich an ethische Grundsätze und an geltende Gesetze, doch habe ich nie verstanden, warum es so viele „informelle" Vorschriften gibt. Ich tat und tue mich immer noch mit den auferlegten Regeln schwer, wie z. B.: „Das tut man nicht", „das haben wir schon immer so gemacht", „für Neues ist kein Platz" oder auch „man kann doch nicht einfach". Hätten sich schon immer alle Menschen an diese selbst auferlegten Regeln gehalten, dann gäbe es heute keine Glühbirne, keine Autos, keine Computer oder Smartphones von manchen Trendsportarten wie Inline-Skaten oder Slacklining ganz zu schweigen. Auch manche große Genies und Denker der vergangenen Jahrhunderte wie der Komponist Richard Wagner, der Wissenschaftler Albert Einstein oder auch der Psychologe Sigmund Freud hätten nie die bahnbrechenden Erkenntnisse bekommen oder auch Werke geschaffen, wenn sie sich immer brav an die „Norm" gehalten hätten. Wenn ich mich mit meinen Trainingsteilnehmern unterhalte oder im Coaching-Gespräch bin, wundere ich mich immer wieder, wie viele Menschen in diesem Käfig aus Regeln und Vorschriften sitzen und sich daher nicht selbst verwirklichen können und auch wollen. Der Ausbruch aus diesem Käfig fällt vielen schwer, zu tief sitzen die uns auferlegten Glaubenssätze, die uns von Kind an mitgegeben werden. Ich fordere Sie im Laufe dieses Buches immer wieder auf, Ihren eigenen Status quo zu überdenken. Sind Sie tatsächlich schon da, wo Sie sein wollen? Oder da, wo Sie sein könnten? In jedem von uns schlummern unendlich viele Talente und Fähigkeiten und jeder von uns ist eine schier unerschöpfliche Quelle an Ideen und Visionen. Ich gehe davon aus, dass Sie eine Idee nur dann haben, wenn Ihnen auch die Werkzeuge mitgegeben wurden, diese Idee auch umzusetzen. Das heißt im Umkehrschluss, dass, wenn Sie eine Idee haben und diese nicht umsetzen, Sie eigentlich den Kreislauf der Schöpfung unterbrechen. Sie betreiben aktive Verschwendung von Ressourcen. Und das in einer Welt, in der wir immer stärker darauf achten sollten, nicht unnötig Rohstoffe zu verschwenden.

Also, wie lange wollen Sie noch warten, bis Sie ins Tun kommen? Ist es nicht schon längst an der Zeit, die Ärmel hochzukrempeln und etwas für Ihren Traum zu tun?

Zunächst muss ich Ihnen allerdings die Frage stellen, ob Sie überhaupt noch wissen, was Ihr Traum ist. Können Sie sich noch daran erinnern, welche Ideen Sie schon alle hatten, vielleicht aber noch nie damit begonnen haben, diese umzusetzen?

! Ich fordere Sie nun auf, alle Ideen, die Sie jemals vorhatten, aufzuschreiben, egal, wie verrückt sie auch klingen mögen, egal, wie unrealistisch sie momentan vielleicht auch erscheinen mögen, und egal, wie unerreichbar sie im Moment vielleicht auch sind. Tun Sie es! Jetzt!

Charaktereigenschaften eines lebhaften Schülers

Wenn ich heute auf meine Kindheit zurückschaue, dann habe ich offenbar schon sehr schnell erkannt, dass es auf der Welt ein Tauschmedium gibt, mit dem man sich doch den einen oder anderen Wunsch erfüllen könnte: das liebe Geld! Da meine Eltern mit Anfang 20 ihr eigenes Haus bauten und ich auch schon geboren war, stand großer Luxus bei uns üblicherweise nicht auf der Tagesordnung. Meine Mutter arbeitete stundenweise im Büro und mein Vater war Angestellter im Außendienst. Durch die Baufinanzierung meiner Eltern waren große Urlaube leider auch nicht drin. Während viele meiner Freunde im Winter zum Skifahren gingen, fuhren wir wegen der Rückenprobleme meines Vaters in eine Pension nach Bad Füssing. Im Sommer, wenn meine Schulfreunde nach Italien, Spanien oder noch weiter weg fuhren oder sogar flogen, haben wir in Deutschland Urlaub gemacht. Und es waren schöne Urlaube, an die ich gerne zurückdenke, da wir viel miteinander gemacht haben und die Familie absolut im Mittelpunkt gestanden ist. Wir waren also eine ganz normale Familie, heute würde man sagen, die gute Mittelschicht. Große Sprünge konnten wir uns, wie gesagt, nicht leisten, aber meine Eltern taten alles dafür, dass ich eine glückliche Kindheit haben durfte. Und die hatte ich auch. Doch ich habe von meinen Eltern ganz früh gelernt, dass es wichtig ist zu sparen und sein Geld zusammenzuhalten. Und so habe ich schon relativ bald nach neuen Geldquellen neben meinen paar Mark Taschengeld gesucht. Wir sind früher sehr viel spazieren gelaufen und ich kannte damals jeden Zigaretten-Automaten in unserem Umkreis. Nicht weil ich als Frühreifer (der ich allerdings nicht war) der Sucht verfallen bin, sondern weil ich immer darauf spekulierte, dass jemand, der sich eine Packung Zigaretten gezogen hat, das Wechselgeld im Geldrückgabeschlitz vergessen hat oder noch eine Geldmünze unter dem Zigarettenautomaten auf dem Boden oder im Gras zu finden war. Das waren also meine ersten Spekulationsgeschäfte. Ich konnte damals nur gewinnen. An guten Tagen kam ich mit 5 Mark nach Hause und an schlechten Tagen hatte ich eben kein Glück und das Geldbeutelchen blieb leer. Doch bis heute juckt es mich in den Fingern, wenn ich an einem Automaten vorbeigehe. Zu Hause habe ich mir dann schon sehr früh notiert, was ich an Einnahmen und welche Ausgaben ich im Monat hatte. Ich habe mir sehr penibel aufgeschrieben, wann ich welche Gelder durch Taschengeld oder sonstige Einnahmen bekommen habe, und habe auch genauestens verbucht, wann ich für etwas Geld ausgegeben habe. Schaue ich heute die Listen von damals an, muss ich sehr schmunzeln, jede Woche die Bravo ab und zu mal eine Langspielplatte – jede Ausgabe allerdings mit Bedacht gemacht. Ich habe mich damals wie heute schon immer vor dem Geldausgeben gefragt: „Muss das wirklich jetzt sein? Brauche ich das wirklich?" Meine Frau sagt heute immer zu mir, ich solle mir doch auch mal was gönnen und mich nicht immer selbst geißeln, doch auch heute stelle ich mir diese beiden Fragen noch, und so kommt es auch, dass ich sehr wenige Dinge besitze, die eben nur „nice to have" wären. Übrigens führe ich heute noch – in leicht abgewandelter Form und nicht mehr bis ins kleinste Detail – eine Einnahmen-Ausgaben-Aufstellung als Excel-Datei. Immer am Monatsende verschaffe ich mir einen Überblick über meine Finanzen und pflege meine „Dagobert-Duck-Liste". So habe ich meine Finanzen immer im Griff und werde nicht von plötzlichen Abbuchungen auf meinen Konten überrascht.

Auch die Feste im Gasthaus meiner Großeltern waren in meiner Kindheit immer eine willkommene Abwechslung und Geldeinnahmequelle. Da ich der älteste Enkel meiner Großeltern war, konnte ich auch mit acht Jahren schon kräftig zupacken und habe Getränke ausgeschenkt, Gäste bedient und auch schon sehr bald unsere Gäste abkassiert. Menschen zu bedienen, mich kurz mit ihnen zu unterhalten und sich manchmal auch Reklamationen zu stellen, wenn etwa ein Essen zu lange gedauert hat oder die Suppe versalzen war, gehörte also schon von Kind auf zu meiner Entwicklung dazu. Und es hat mir stets Spaß gemacht. Das größte Highlight war für mich immer die alljährliche Kirchweih. Es gab zwar sehr viel zu tun, doch wusste ich, dass einige unserer Gäste gerne mal „tief ins Glas" schauten und sich daher beim Trinkgeld umso spendabler zeigten. Da das Festzelt auf der Schotterstraße aufgebaut war, war ich am Morgen immer der Erste im Zelt und habe die Straße nach Münzen abgesucht, die jemanden aus der Tasche gefallen sind. So kam noch die eine oder andere Mark dazu. Auch mein Opa hat mich immer fürstlich entlohnt, und ich habe mich immer gefreut, wenn ein neuer Schein in meine blaue Geldkassette mit einem kleinen Schlösschen gewandert ist. Ich habe das Geld meisten bei mir behalten, damit ich es mir immer wieder mal anschauen konnte. Vom Zinseszins hatte ich damals noch nichts gewusst, sonst hätte ich es wahrscheinlich brav zur Bank getragen.

Mit 14 Jahren hatte ich dann meinen ersten Job als Zeitungsjunge. Ich habe von einem Verlag für deren Kunden jeden Donnerstag Illustrierte geliefert bekommen, die ich zeitnah bei Wind und Wetter austragen und abkassieren musste. Heute schüttle ich darüber nur den Kopf, denn der Verlag hat das komplette Risiko auf mich abgewälzt. Ich musste die Zeitungen bezahlen, und wenn ich manche Empfänger wochenlang nicht angetroffen habe, dann hatte ich erst mal eine Differenz in meiner Kasse. Es ist zum Glück immer gut gegangen und die Trinkgelder, gerade auch in der Weihnachtszeit, waren stets sehr gut. Meine Geldbox wurde immer voller.

Mit 15 Jahren habe ich meinen ersten Ferienjob angetreten. Ich arbeitete für drei Wochen in einer großen Teefabrik bei uns in der Nähe und ein Bekannter meiner Eltern hat mich jeden Morgen mitgenommen und abends wieder nach Hause gebracht. Ich habe dort die Stunde 15 Mark verdient, wesentlich mehr, als ich als Zeitungsausträger jemals bekommen hätte, und war richtig stolz auf mich. Bald musste ich jedoch feststellen, dass Arbeit richtig hart sein konnte. In dieser

Teefabrik war ich im Lager eingeteilt und musste alle typischen Ferienjob-Arbeiten verrichten, wie Kehren, Kehren und nochmals Kehren. Ich hatte Schwielen an den Händen, und als ich dann noch helfen musste, Teesäcke mit einem Gewicht von 65 Kilo von der Lkw-Ladefläche in die Lagerhäuser zu schleppen, habe ich entschieden, dass körperliche Arbeiten wohl nicht zu mir passen. Ich fragte mich unbewusst auch ständig, ob die Leute, mit denen ich zusammengearbeitet habe, tatsächlich glücklich waren. Ich merkte nämlich, dass die Lagerarbeiter neidisch auf die Büroangestellten schielten. Damals war die Arbeiterschaft noch streng von den Angestellten getrennt. Wir hatten einen separaten Aufenthaltsraum und extra Toiletten. Der Angestelltenbereich war sauber, hell und angenehm, der der Arbeiter das genaue Gegenteil. Ich habe damals schon die Entscheidung getroffen, in welchem Bereich ich zukünftig sitzen wollte. Ich möchte hier aber die Leistung der Arbeiter nicht herabstufen, eher das Gegenteil. Ich bin voller Bewunderung für die Menschen, die ihr Leben lang schwere körperliche Arbeit verrichten und ihr Geld wirklich hart verdienen. Ich könnte z. B. nie auf dem Bau arbeiten, finde aber Arbeiten, bei denen man am Abend sehen kann, was man heute geleistet hat, absolut faszinierend. Ich sage nur, dass diese Arbeiten scheinbar nicht zu mir passen und ich mich eben für einen anderen Weg entschieden habe. Jede/r muss diese Entscheidung aber für sich selbst treffen.

Da ich die Teesäcke in den Sommerferien schleppte, während all meine Freunde und Bekannte in den Sommerferien waren, habe ich in den darauffolgenden Jahren immer in den Oster- und Pfingstferien gearbeitet, um auch die Sommerferien genießen zu können. Ich hatte als 16-Jähriger das Glück, dass ich als Ferienarbeiter für einen großen Mineralwasser-Hersteller arbeiten konnte. Hier habe ich mich ständig darum bemüht, bei einer der Lkw-Touren dabei zu sein. Die gingen manchmal schon um 3 Uhr nachts los, dann war ich drei Stunden Beifahrer und konnte noch ein bisschen schlafen. Am Zielort angekommen half ich dem Fahrer beim Be- und Entladen des Lkws mit den Wasserkästen. Das war zwar manchmal ein bisschen Schufterei, aber nach längstens drei Stunden war auch diese Arbeit vorüber und wir machten uns wieder auf die 3-stündige Rückfahrt. Dieser Job hatte natürlich mehrere Vorteile. Zum einen habe ich durch das frühe Aufstehen in der Nacht noch mehr Geld verdient, da ich ja Nachtzuschläge bekommen habe, zum anderen beschränkte sich die Arbeit auf den Zielort. Einmal habe ich auf der Heimfahrt sogar ein Referat für die Schule ausgearbeitet. So habe ich das Nützliche gleich mit dem Angenehmen verbinden können. Durch die Nachtzuschläge habe ich in den Ferien gutes Geld verdient und mir so ein immer größeres Geldpolster aufgebaut. Und die Sommerferien konnte ich in vollem Umfang genießen, besuchte Sprachferien oder Jugendcamps im Ausland und betrat so erstmals ausländischen Boden.

Durch diesen Grundcharakter und meine vielfältigsten Geldquellen habe ich schon sehr früh den Wert einer selbst verdienten Mark bzw. eines selbst verdienten Euros erkannt. Ich habe gelernt, Geld schätzen zu lernen, bin ihm aber nie verfallen. Ich möchte nicht den Eindruck entstehen lassen, dass es mir ausschließlich um Reichtum in Form von Geldverdienen geht. Aber ich habe erkannt, dass all die schönen und begehrenswerten Dinge der Welt, die auch Spaß machen können, eben mit dem Medium Geld eingetauscht werden müssen. Und ich habe schon früh die Entscheidung getroffen, dass ich mir irgendwann mal nicht mehr bei jedem Einkauf die Frage stellen muss: „Muss das wirklich jetzt sofort sein?", oder, wie der Volksmund sagt, den Euro zweimal herumdrehen zu müssen.

Auch dieses Kapitel möchte ich mit einer Frage beenden: Haben Sie Ihre Finanzen im Griff? Haben Sie den Überblick über Ihre monatlichen Einnahmen und auch Ausgaben? Wissen Sie genau, was Sie monatlich an Fixkosten haben und mit welchen Ausgaben Sie rechnen müssen? Wenn Sie selbstständig oder freiberuflich sind, empfehle ich Ihnen eine klare Trennung von Geschäfts- und Privatkonto. Wie wollen Sie sonst den Überblick behalten?

! Erstellen Sie sich einen Ausgaben- und Einnahmenplan. Verschaffen Sie sich einen
● Überblick über Ihre Finanzen!

Die ersten Schritte als „Sprecher"

In der 4. Klassen musste ich entscheiden, welche Schule ich fortan besuchen wollte. Mein Notenschnitt berechtigte mich, auf das Gymnasium zu wechseln, und da ich davon ausging, dass man um viel Geld zu verdienen auch eine vernünftige Schulausbildung brauchen würde, wechselte ich also aufs Gymnasium und wählte den natursprachlichen Zweig. Heute weiß ich, dass mich das Abitur in keiner Weise auf das „wahre" Leben vorbereitet hat – ich wurde zum Theoretiker ausgebildet und meiner Meinung nach völlig praxisfremd von der Schule geschickt.

Als Teenager war es mein absoluter Traum, Schauspieler zu werden. Jede Hauptrolle beim Theaterabend an unserem Gymnasium spielte natürlich ich, und es war mir ein Leichtes, in diese Rollen zu schlüpfen und mir die Texte zu merken. Bei Gedichtrezessionen oder stupidem Auswendiglernen von sonstigen Texten tat ich mir da weitaus schwerer. Ich erkannte eben den Sinn nicht ganz, weswegen ich nun den „Zauberlehrling" von Goethe vor der Klasse aufsagen musste. Daher bekam ich für solche Arbeiten nicht die besten Noten. Mein Traum von der Schauspielerei zerplatze allerdings an einem Sonntag im Oktober 1989. Ich hatte die große Ehre und durfte einen Sonntag lang Günter Strack (†1999) bei den Dreharbeiten zur ZDF-Serie „Mit Leib und Seele" begleiten. Da Herr Strack in einem Nachbarort von uns wohnte und ein regelmäßiger Besucher im Gasthaus meiner Großeltern war, hat mein Opa den Deal eingefädelt, und so bin ich eines Morgens mit Herrn Strack in den zwei Stunden entfernten Drehort – einer Sparkasse in Hessen – gefahren, um dort die Sequenz eines Banküberfalls zu drehen. Natürlich hat er mich darüber aufgeklärt, was man als Schauspieler alles für Ausbildungen machen müsste, wie lange diese Ausbildungen dauern und wie wenige dann den Sprung vom Theater zum Film schaffen. Als ich realisierte, dass für die Szene, die in der finalen Ausstrahlung der Serie ca. eine Minute dauerte, ein Team von ca. 25 Personen einen ganzen Tag drehen musste, habe ich den Traum der Schauspielerei an den Nagel gehängt. Als ungeduldiger Mensch war mir das zu viel, und da ich schon immer auch einen Realisten in mir hatte, wusste ich, dass ich dieses Prozedere nicht durchstehen wollte. Insofern hatte der Tag wirklich sein Gutes und ich verrannte mich nicht mehr in die Idee der Schauspielerei. Dennoch wollte ich nach wie vor etwas machen, bei dem ich im Rampenlicht stehen konnte – was das sein könnte, wusste ich mit 14 Jahren allerdings noch nicht.

In diesem Alter war ich bei uns in der Kirchengemeinde auch der Leiter einer Jugendgruppe. Jede Woche trafen wir uns einmal, und ich war dafür zuständig, immer Spiele vorzubereiten, die Gruppe für eine Stunde zu beschäftigen oder auch mal kleine Lesungen oder Vorträge zu halten. Dies machte mir irre viel Spaß und ich habe alles pedantisch vorbereitet. Meinen Eltern wäre es zwar lieber gewesen, wenn ich in meine Schularbeiten ebenso viel Zeit investiert hätte, aber es machte eben Spaß und erfüllte mich. Außerdem waren die Rückmeldungen stets sehr gut. Mich störte nur eines: der strikt geregelte Ablauf dieser Gruppe und das starre System der Kirchengemeinde. Ich fragte mich, ob dies so bleiben muss oder ob man nicht eine Gruppe gründen könnte, die sich in einem etwas lockeren Rahmen treffen würde. So entstand die Idee zu einem Jugendtreff für Teenager ohne feste Programme. Es war das erste Mal, dass ich ein bestehendes System hinterfragte, nach meinen Vorstellungen optimierte und zusammen mit zwei weiteren Freunden den neuen Jugendclub „Jokers" gründete. Das war in einer konservativen Gemeinde nicht einfach und forderte einiges an Überzeugungsarbeit, bis uns unser Pfarrer und die Mitglieder des Kirchenvorstandes grünes Licht gaben. Damals sammelte ich neben dem Sprechen vor verantwortlichen Personen in der Gemeinde auch meine ersten Erfahrungen als Verkäufer, denn auch einem Pfarrer muss so eine Idee erst mal entsprechend präsentiert und anschließend verkauft werden. Ich erinnere mich gerne an die Anfangszeiten des Jugendtreffs zurück. Von „das kann man doch nicht machen" über „das hat es noch nie gegeben" und „ihr werdet schon sehen, was da rauskommt" war kaum jemand dabei, der uns dies zugetraut hätte, und es gab fast keinen, der uns sagte: „Toll, wir unterstützen euch" oder „macht mal". Wir haben es schließlich – allen Kritikern zum Trotz – geschafft und gründeten in den 90er-Jahren den Jugendtreff, den es bis heute gibt. Hätten wir dem Glauben geschenkt, was uns die meisten Menschen damals immer wieder versucht haben zu verdeutlichen, hätten wir aufgegeben, bevor es überhaupt losging. Doch wir waren jung, wir glaubten daran, und es hat Spaß gemacht, auch mal was Neues zu probieren. Was hätte im schlimmsten Fall passieren können? Nun, es wäre keiner zu unseren Treffen gekommen und wir hätten den Club wieder auflösen müssen. So gewannen wir mit der Zeit aber immer mehr Besucher, und schließlich bekamen wir auch die Beachtung, die wir unserer Meinung nach schon immer verdient hatten.

Ich bitte Sie, darüber nachzudenken, ob Sie in Ihrer Jugend nicht auch schon mal etwas zum Positiven verändert haben, was Ihnen nicht gepasst hat. Haben Sie über irgendetwas nachgedacht und anschließend verbessert? Wie haben Sie sich danach gefühlt? Als Jugendlicher besitzt man noch eine natürliche Naivität. In der Pubertät meint man doch, man könne Bäume ausreißen und alles, was man anfasst, gelingt. Wo ist diese Naivität heute hin? Warum legen wir uns oftmals selbst so viele Steine in den Weg?

! Wo und wann haben Sie es schon mal geschafft, ein bestehendes System zu verbessern
● und somit zu verändern? Wie fühlten Sie sich damals und können Sie von der damaligen Ressource heute noch zehren?

Ich verstehe es nicht …

Im Jahr 1993 musste ich die Weichen für mein weiteres Leben stellen und entscheiden, was ich beruflich machen wollte. Ein Studium kam für mich nicht infrage, und so wälzte ich viele Unterlagen, die mir das Berufsinformationszentrum der Arbeitsagentur zur Verfügung stellte. Ich merkte, dass mir der kaufmännische Zweig am besten lag, und bewarb mich daher bei einer Handvoll Firmen. Heute weiß ich, dass ich unwahrscheinliches Glück hatte, denn im Jahr 1993 hatten wir eine tiefe Rezession mit knapp 10 % Arbeitslosenquote. Dennoch wurde ich von jeder der fünf Firmen, bei denen ich mich beworben hatte, zum Vorstellungsgespräch eingeladen. Mir wurde im September 1993 eine Stelle bei einem großen Automobilzulieferer angeboten und ich habe nicht lange überlegt und zugesagt. Somit war klar, dass ich nach meinem Abitur eine Lehre zum Industriekaufmann beginnen würde.

Kurz darauf habe ich Post vom Kreiswehrersatzamt bekommen und wurde zur Musterung eingeladen. Ich fuhr im Winter 1993 nach Ansbach und ließ mich also zur Tauglichkeit prüfen. Ich war damals schon Brillenträger, da ich unter einer Kurzsichtigkeit von 6 Dioptrien leide. Für alle, die keine Brille tragen, ab 2 Dioptrien sehen Sie den Boden unter Ihren Füßen nicht mehr scharf, wenn Sie aufrecht stehen. Ohne Brille oder sonstige Hilfsmittel war und bin ich also ziemlich hilflos. Und jetzt stand auch im Kreiswehrersatzamt der Sehtest an. Ich kam vom Hörtest aus der Hörkabine und man nahm mir meine Brille ab. Dann wurde ich angewiesen, in einen Sehtest zu machen. Ich sollte durch ein graues Testgerät schauen, das nicht besonders groß war und auf einem Tisch in ca. drei Meter Entfernung stand. Da die Wand auch grau gestrichen war, habe ich auf diese Distanz das Gerät nicht gesehen, was bei 6 Dioptrien ja auch nicht verwunderlich ist. Graues, kleines Gerät mit grauem Hintergrund ergibt ohne Brille bei mir nur eine graue einheitliche Fläche. Nachdem ich gefragt hatte, durch welchen Kasten ich genau schauen solle, hat man mir die Brille ohne Kommentar wiedergegeben und einen entsprechenden Vermerk gemacht. Das war mein Sehtest!

Nach allen anderen Untersuchungen wurde ich schließlich zum Musterungsgespräch aufgerufen, in dem mir mein Ergebnis und meine Tauglichkeit bescheinigt werden sollte. Dieses Gespräch habe ich bis heute nicht vergessen, da es eine absolute Farce war und mich in meinen Grundfesten erschütterte. Neben dem Musterungsarzt saß rechts und links jeweils ein älterer Herr. Einer las Zeitung und der andere wälzte irgendwelche Unterlagen. Beide waren sehr desinteressiert. Der Einzige, der mich ansah und mit mir sprach, war der Arzt, der mich durch die Tests begleitete. Zunächst legte er mir meinen Bericht vor. Ich staunte nicht schlecht, als ich gelesen habe, dass ich mit meinen 6 Dioptrien als Scharfschütze tauglich sei. Ich habe den Arzt natürlich nochmals auf meine Sehschwäche hingewiesen, er meinte aber, dass dies so in Ordnung wäre. Von den beiden anderen Herren hat sich nach wie vor niemand für mich interessiert. Im weiteren Gespräch hat der Arzt mir dann erklärt, dass ich am 01.07.1994 meine Verabschiedung aus der Schule haben würde und ich am 04.07.1994 meinen Grundwehrdienst antreten müsse. Ich legte sofort Widerspruch ein, da ich ja in dieser schwierigen wirtschaftlichen Zeit bereits einen sicheren Lehrvertrag hatte. Der Arzt lächelte mich an. In diesem Moment ließ auch der zeitungslesende Herr seine Zeitung für einen Moment sinken, um mich anzusehen, und auch der andere Beisitzer hob kurz den Kopf, um mich anzulächeln. In diesem Moment sagte der Arzt in ziemlich forschen Ton, dass ich meine Lehre auch nachholen könne und ich auf jeden Fall eingezogen werden würde. Sie ließen mich deutlich spüren, dass Sie keinem Kompromiss zustimmen würden. Mit geknicktem Kopf bin ich nach Hause gefahren und habe zunächst meinen Ausbildungsbetrieb angerufen und die Situation geschildert. Von meiner Ansprechpartnerin in der Personalabteilung habe ich erfahren, dass die Bundeswehr wohl sehr scharf auf Abiturienten sei, da in dieser Zeit die meisten ihren Wehrdienst verweigerten. Ich wollte nicht verweigern, sondern meinen Wehrdienst durchziehen. Nur eben erst nach Beendigung der Lehre. Die Personalleitung konnte mir meinen Lehrvertrag nicht für das kommende Jahr garantieren, d. h., ich hätte mich wieder bewerben müssen und wäre ohne Lehrvertrag dagestanden. Ich setzte alle Hebel in Bewegung, um aus diesem Dilemma herauszukommen. Ich setzte alle Ämter von meiner Situation in Kenntnis, bin zusammen mit meinem Vater auf Wahlkampfveranstaltun-

gen gefahren (im Oktober 1994 war Bundestags-
wahl) und habe vor Ort mit namhaften Politikern
und z. T. damaligen Ministern gesprochen, u. a.
Edmund Stoiber (damals bayerischer Minister-
präsident) und Volker Rühe (damals Verteidi-
gungsminister). Während der Wahlkampfveran-
staltungen gaben sich alle Politiker „volksnah"
und zeigten vollstes Verständnis für meine Situation, bei der es sich übrigens nur um ein „Miss-
verständnis" handeln könne. Ich würde Post aus
ihren Ämtern bekommen. Nun, die Post habe ich
tatsächlich bekommen, aber die Zeilen, die auf
dem Briefpapier gedruckt waren, waren das Por-
to nicht wert. Nur Ausflüchte und Phrasen wie
„können wir Ihnen leider nicht helfen", „ein anderes Amt zuständig" usw. Ich habe damals lernen dürfen, dass Einzelschicksale scheinbar niemanden interessieren. Mein Vertrauen in die
Politik ist bis heute zutiefst erschüttert. Ich neh-
me zwar an jeder Wahl teil, um mich meiner Ver-
antwortung als Wähler zu stellen, aber hohe Er-
wartungen an Wahlversprechen habe ich generell
keine mehr und viele Parteien haben nach einer
gewonnenen Wahl scheinbar ihre Wahlpro-
gramme komplett vergessen.

Als ich auch bei der Eignungs- und Verwen-
dungsprüfung des Kreiswehrersatzamtes mit
Floskeln abgespeist wurde, traf ich die Entscheidung mich beim damaligen Katastrophenschutz
zu bewerben, der mich auch genommen hat. So
habe ich also der Bundeswehr eine Absage erteilt,
mich zu acht Jahren Ersatzdienst verpflichtet
und meine Lehrzeit wie geplant am 01.09.1994
begonnen.

Mein Fazit aus dieser Geschichte: Der Einzige, auf den ich mich verlassen kann, bin ich wohl selbst, und es gibt Dinge im Leben, die man einfach nicht verstehen kann. Wenn es allerdings um wirklich wichtige Entscheidungen im Leben geht, kann ich nur selbst eine Entscheidung für mich treffen, denn nur ich muss mit der Konsequenz dieser Entscheidung leben. Ab diesem Zeitpunkt habe ich alle wichtigen Entscheidungen im Leben selbst getroffen. Ich erlebe allerdings immer wieder Menschen, die Angst vor einer Entscheidung haben und sich dann viele Ratschläge bei anderen Menschen holen. Mit jedem neuen Ratschlag lassen sie sich wieder ein Stück weit mehr beeinflussen und treffen oftmals dann gar keine Entscheidung. Lassen Sie sich nicht verunsichern! Treffen Sie wichtige Entscheidungen immer selbst. Nur Sie müssen mit den Konsequenzen leben.

! Bei welchen Entscheidungen in der Vergangenheit haben Sie sich (zu stark) beeinflussen lassen? Welche Entscheidungen haben Sie komplett selbst getroffen? Wie haben sich die Entscheidungen ausgewirkt? Welche Entscheidungen fühlen sich besser an?

Musikalische Ausflüge

Eine weitere Leidenschaft von mir war die Musik. Ich musste mit meinen Eltern hart verhandeln, ehe ich aus dem obligatorischen Blockflötenkurs aussteigen konnte und schließlich Schlagzeugunterricht bekam. Ich lernte in der Musikkapelle eines kleinen Dorfes zunächst das Spielen auf der kleinen Marschtrommel, ehe ich nach mehr als einem Jahr dann endlich mal hinter einem richtigen Schlagzeug gesessen bin. Das war ein toller Moment, und ich wusste, da kann ich was daraus machen. Natürlich nicht innerhalb einer ländlich-dörflichen Blasmusikkapelle, sondern mir war klar, ich stelle was Eigenes auf die Beine. Und so habe ich mit 18 Jahren schon zwei Bands gegründet, die im Partybereich unterwegs waren und auf kleineren Feiern für Stimmung sorgten. Mit der zweiten Band haben wir auch eigene Lieder geschrieben und Demo-Tapes aufgenommen, doch wir taten es eher für uns und nach zwei Jahren ist in der Band leider jeder seinen eigenen Weg gegangen. Ich wollte allerdings unbedingt weitermachen. Zum einen, weil es mir super Spaß gemacht hat, Menschen zu unterhalten, und zum anderen, weil ich merkte, dass man mit Musik auch gutes Geld verdienen kann.

Dann kamen die Jahre, als der deutsche Schlager wieder aufblühte. Mit Dieter Thomas Kuhn und Guildo Horn waren zwei absolut schillernde Vertreter dieses Genres angetreten, die die Schlagerwelt mit neuen Interpretationen vergangener Hits wieder so richtig aufmischten. Schlager zu spielen war einerseits nicht schwer und auf der anderen Seite hat man immer richtig Stimmung im Publikum. Was lag also näher, als eine Schlagercoverband zu gründen? Die Idee keimte schon lange in mir, doch es dauerte bis Oktober 1996, bis ich endlich einen Mitstreiter fand. Auf einer feucht-fröhlichen Party griff mein ehemaliger Fußballmitspieler Markus zum Mikrofon und trällerte in bester Schlagermanie einen Hit nach dem anderen. Ich fragte ihn sofort, ob er Interesse hätte, mit mir eine Band zu gründen. So wurde aus einer Bierlaune heraus die Band „Markus und die Sahnehäubchen" geboren. Schnell fanden wir weitere Mitstreiter, die verrückt genug waren, sich uns anzuschließen. Damals haben uns alle belächelt. Mit einer Schlagercoverband aufzutreten und damit auch noch Geld zu verdienen? Keine Chance. Niemand würde auf uns warten, der Markt wäre verteilt, alle haben uns ausgelacht, denn in unserer Heimat war die Schlagerwelle noch nicht so richtig angekommen. Wir schafften es, einen Nürnberger Discothekenbesitzer davon zu überzeugen, eine Schlagerparty abzuhalten. Er sagte uns seinen umsatzmäßig schwächsten Tag zu, den Gründonnerstag. Mit nur acht Liedern und einer nicht mal kompletten Band standen wir also am Donnerstag, 27.03.1997, das erste Mal in Nürnberg auf einer Bühne und etwa 800 Besucher flippten völlig aus. Wir waren auf dem richtigen Weg und die Nachricht von unserem gelungenen Auftritt hat sich schneller herumgesprochen, als wir uns je hätten träumen können. Alle, die uns bisher auslachten, klopften nun an unserer Tür und wollten unbedingt einen Abend mit uns haben. Wir waren damals die erste Band, die vom durchschnittlichen Eintrittsgeld für einen Abend mit einer Coverband von ca. 6−8 Mark auf 10 Mark ging. Ebenfalls wechselten wir als erste Band vom bis dahin traditionellen schwarzen Bühnen-Background auf einen hell leuchtend weißen. Im Schnitt hatten wir ständig ca. 800−1.000 Besucher, und plötzlich fingen alle Bands in unserer Region an, nicht nur die großen Schlagerikonen zu covern, sondern auch uns zu imitieren. Durch unsere Einstellung „Schuster, pfeif auf deine Leisten" hatten wir es geschafft und haben letztlich auch gutes Geld verdient.

Im August 1998 überzeugten wir schließlich unsere restlichen Kritiker. Wir zeigten ihnen, dass wir nicht nur unsere heimische Fangemeinde begeistern konnten, sondern auch bei fremden Publikum super gut ankamen. Unser Name hatte sich mittlerweile bis nach Hamburg herumgesprochen, und so erhielten wir eine Einladung zum Schlagermove nach Hamburg. Der Schlagermove ist das Gegenstück zur Loveparade und lockte damals 250.000 Besucher in die Hansestadt. Wir durften auf einem der Umzugswagen mitfahren und spielten anschließend im legendären Club, in dem die Beatles groß geworden sind, einen Bandwettstreit gegen vier andere, z. T. aus Funk und Fernsehen bekannte Bands. Nachdem uns die Fachjury, die aus drei Vertretern der Plattenbranche bestand, und auch die 2.500 Besucher beurteilt hatten, stand der Sieger fest: „Markus und die Sahnehäubchen"! Die Nacht wurde durchgefeiert, es war für uns wie der Gewinn der Champions League.

Hätten wir uns aber im Jahr 1996, als wir die Idee hatten, der Meinung unserer Kritiker angeschlossen, so hätten wir nie all diese wunderschönen Momente erleben dürfen. Natürlich waren auch viele Proben und viele Soundchecks, die immer mit unendlich vielen Stunden des Wartens auf den Beginn der Veranstaltung verbunden waren, dafür in Kauf zu nehmen, doch letztlich möchte ich keine Sekunde dieser Zeit missen. Als die Schlagerwelle dann langsam abebbte und sich dann auch jede/r einzelne der Band beruflich veränderte, haben wir im Oktober 2000 unser letztes Konzert gegeben. Ein bewegender Moment.

Wenn ich von dieser Zeit erzähle, fällt mir immer wieder eine alte Werbekampagne von einem großen deutschen Sportartikelhersteller ein: „Impossible is nothing." Wenn Sie einen Traum, eine Idee oder ein brennendes Verlangen nach irgendetwas haben, dann haben Sie doch den Mut und reden darüber. Es werden die Leute kommen, die Sie unterstützen können, mit dem, was Sie vorhaben. Bei mir und den Sahnehäubchen hat sich nach und nach auch alles von alleine ergeben. Ich und später wir alle haben an unseren Traum geglaubt und hart dafür gearbeitet, oder glauben Sie, wir wären einfach mal so zum Schlagermove nach Hamburg gefahren? Wir haben vier Wochen vor dem Termin fast jeden Tag immer nur die fünf Lieder geübt, die wir beim Wettbewerb dann auch zum Besten gegeben haben. Glauben Sie mir, wenn Sie jeden Abend zehn

Mal „Aber bitte mit Sahne" spielen und das an 20 Abenden hintereinander, dann kommt Ihnen eben diese Sahne langsam zu den Ohren heraus. Aber Vorbereitung ist das A und O, und das war letztlich wohl unser Erfolgsgeheimnis. Doch wie oft wollen die Teilnehmer in meinen Seminaren den schnellen Erfolg, ohne etwas dafür tun zu müssen. Im Leben gibt es keine Abkürzungen. Nur das Tun ist entscheidend. Und wenn Sie vorhaben, es in einer Disziplin zur Meisterschaft zu bringen, dann müssen Sie eben umso mehr dafür trainieren und dafür tun. Ich musste zu unserer Bandzeit immer schmunzeln, denn unsere Besucher sahen uns während der Konzerte nur für die ca. drei Stunden, solange wir eben auf der Bühne standen. Wie viel Zeit wir aber dafür im Proberaum sitzen mussten, um die Songs auf der Bühne einfach aussehen zu lassen und um auch mal locker improvisieren zu können, das hat niemand gesehen. Je lockerer Sie also wirken und herüberkommen wollen, desto mehr Zeit müssen Sie in sich und Ihre Vision investieren.

Wenn Sie schon wissen, was Sie für eine Vision anstreben, wie viel tun Sie dann schon im Monat, in der Woche und am Tag dafür?

! Was können Sie jetzt tun, damit sich Ihre Vision erfüllt? Und zwar in der Zeit, in der Sie sie erreichen wollen?

Rund um die Musik

Bei unseren Auftritten haben mich allerdings immer mehrere Dinge gestört: Manche Veranstalter waren alles andere als Profis und es wurden viele Absprachen nicht eingehalten. Manchmal musste ich der Gage hinterherlaufen, da nicht vertragsgemäß abgerechnet wurde. Und wenn Sie vor den Auftritten immer nur Bratwürste, Schweinesteaks oder Pizza bekommen, reicht es auch irgendwann. Wieder habe ich mich gefragt, was ich ändern könnte. Ich bin diese Problematik mit unserem Sänger und zwei weiteren Bekannten durchgegangen, und wir entschieden daraufhin, dass wir unsere eigene Konzertveranstaltungs-GBR gründen. Das war eine prima Sache, denn fortan war ich mein eigener Veranstalter – es war zwar die doppelte Arbeit, aber auch der doppelte Verdienst. Und ich wusste, dass alles so läuft, wie ich mir das für die Band wünschte.

Damit aber natürlich nicht genug. Wir vier steckten voller Ideen und haben einige weitere Projekte aus dem Boden gestampft. Wir wollten Dinge anders machen. Wir wollten etwas Neues, wir wollten mit frischen Ideen auch diejenigen ansprechen, die bisher noch nicht zu den typischen Covermusik-Besuchern gehörten. Also haben wir uns einiges einfallen lassen. Unser größter Erfolg war schließlich ein großes Open-Air-Festival, das wir auf einem entlegenen Waldsportplatz abhielten. Hier warnten uns zahlreiche Besserwisser, dass dieses Festival nie funktionieren könne. Warum? Nun, zum einen suchten wir uns als Termin Mitte August heraus, also voll in den bayerischen Sommerferien, wo (Zitat) „ja alle im Urlaub sind", und zum anderen mussten die Besucher vom Parkplatz bis zum Festivalgelände gute 500 Meter laufen. Dass dies trotzdem funktioniert, konnte sich wirklich keiner vorstellen. Während sich also alle anderen Veranstalter und Bands in ihre Sommerpause erholten, hatten wir trotz aller negativen Vorhersagen ca. 1.500 Besucher (die Zaungäste nicht mitgerechnet). Komisch, dass ein Jahr später plötzlich mehr Konkurrenz im August am Start war. Hätten wir also wieder auf die Meinung der Masse gehört – wir hätten nicht diesen tollen Erfolg gehabt. Headliner des Festivals war natürlich unsere eigene Band, die damals ihre Hoch-Zeit hatte.

Eine weitere Sache, die wir in Angriff genommen haben, war die Wiederbelebung einer alten städtischen Turnhalle. In dieser wunderschönen alten Turnhalle mit richtiger Empore und tollem Holzgebälk fanden schon seit Jahren keine Konzerte mehr statt, obwohl die Halle immer schon ein Besuchermagnet war. Wir fragten an und erfuhren, dass die Auflagen für solch eine Musikveranstaltung mittlerweile enorm verschärft wurden und wir die Halle u. a. bis 1 Uhr nachts vom Publikum geräumt haben mussten. Damals begann das Publikum, immer erst so gegen 22 Uhr wegzugehen, und der Start vieler dieser Veranstaltungen war demnach selten vor 22 Uhr. Um nicht gegen die Auflagen zu verstoßen, haben wir eine halbe Stunde Puffer eingeplant, um auch den letzten um 1 Uhr aus der Halle zu haben. Wir gingen den Versuch ein. Wieder verurteilen viele scheinbar gute Ratgeber das Projekt zum Scheitern. Wir kündigten groß an, dass wir pünktlich um 21 Uhr starten würden, um auch pünktlich um 0:30 Uhr fertig zu sein. Wieder ging das Konzept auf, wir mussten die Hallentüren sogar immer wieder wegen Überfüllung schließen. Wir waren froh, dass wir mit der Stadt einen Exklusivvertrag ausgehandelt hatten und niemand anderes ähnliche Veranstaltungen in der Halle halten durften, denn plötzlich war die Nachfrage riesig.

Ich habe immer wieder festgestellt, dass man, egal, was ich oder wir geplant hatten, immer erst mal skeptisch beobachtet wird. Alle sehen sofort die Punkte, an welchen ein geplantes Projekt scheitern könnte. Und diese Punkte werden dann dramatisiert und in den schlimmsten Farben beleuchtet, sodass sie einem jegliche Energie ziehen. Ich war froh, dass ich sowohl mit der Band als auch in der Veranstaltungs-GBR mit absoluten „Spinnern" zusammen war, die eben zuerst die Chancen und das Positive gesehen haben. **Nur wenn man die Welt aus einem verrückten Blickwinkel sieht, kann man die Welt auch ein klein wenig „verrücken".** Selbstverständlich lief aber auch bei uns in der Band nicht immer alles rund, auch wir hatten einen Auftritt, bei dem keine Besucher kamen und wir einfach wieder abgebaut haben. Auch mit der Veranstaltungs-GBR hatten wir Veranstaltungen, mit denen wir draufbezahlt haben. Aber wir haben es zumindest versucht.

Wie oft haben Sie aber schon eine Idee gehabt und versucht, diese mit irgendwelchen Menschen zu besprechen? Ja, Sie holten sich vielleicht sogar Rat bei Ihren Freunden und Bekannten, und wie wir ja wissen, wollen diese nur Ihr Bestes. Also, wie werden die „normalen" Menschen um uns herum reagieren? Genau. Wie die Norm. Wenn Sie aber Ihre Ideen verwirklichen wollen, dann brauchen Sie Spinner in Ihrem Umfeld. Sie brauchen unerschütterliche Optimisten, die an Sie und Ihre Ideen glauben und Sie in welcher Form auch immer unterstützen. Wenn Sie etwas anders machen wollen als bisher, wenn Sie etwas Neues schaffen, erfinden oder tun wollen, dann brauchen Sie „Ver-rückte" in Ihrem Umfeld! Ansonsten werden Sie ein „Normalo" bleiben. Der Vorteil ist, Sie werden nie anecken oder auffallen. Wie heißt es auch so schön, wer immer nur das tut, was er schon immer getan hat, bekommt auch immer nur das, was er schon immer bekommen hat. Und da er auch immer nur bekommt, was er schon immer bekommen hat, wird er auch nie etwas anderes tun, als er schon immer getan hat. Und dieser Teufelskreis zieht sich dann durch das komplette Leben. Leider im Beruflichen wie auch im Privaten.

Ich aber rufe Ihnen zu: Wenn Sie Dinge erleben wollen, die in Ihrem Umfeld noch keiner erlebt hat, dann müssen Sie eben Dinge tun, die noch keiner getan hat. Denn wenn Sie Dinge tun, die noch keiner getan hat, dann bekommen Sie Probleme, die noch keiner bekommen hat. Wenn Sie Probleme bekommen haben, die noch keiner bekommen hat, dann kommen Sie auf Lösungen, auf die noch keiner gekommen ist. Wenn Sie auf Lösungen kommen, auf die noch keiner gekommen ist, dann trauen Sie sich Dinge zu, die sich noch keiner zugetraut hat. Und wenn Sie sich Dinge zutrauen, die sich noch keiner zugetraut hat, dann erleben Sie auch die Dinge, die eben noch keiner erlebt hat. Ist doch logisch und klar. Oder etwa nicht?

Fakt ist nur: Sie müssen endlich damit beginnen, die Dinge zu tun, die Sie tun wollen und vielleicht noch kein anderer getan hat. Lassen Sie sich nicht entmutigen. Schaffen Sie sich ein Netzwerk, das an Sie und Ihre Ideen glaubt. Schließen Sie sich irgendwelchen Businesstreffs oder Unternehmerstammtischen an. Dort wird man Sie sicherlich nicht auslachen, sondern vielmehr unterstützen.

❗ Welche Idee hatten Sie schon mal und haben sie mit Freunden oder Bekannten durchgesprochen? Wie waren die Reaktionen? Wurden Sie unterstützt oder hat man Ihnen eher zur Vorsicht geraten? Haben Sie schon ein verrücktes Netzwerk? Falls nein, wie könnten Sie sich eines schaffen? Dieses Netzwerk kann der ausschlaggebende Funke sein, um Ihre Idee zum Brennen zu bringen. Tun Sie's einfach!

Ein zerplatzter Traum

Nach dem Abitur im Jahr 1994 war mir klar, dass ich etwas Praktisches tun wollte. Ein Studium war mir zu theoretisch, ich habe mich damals umgesehen und gemerkt, dass die Zeiten, wo man eben mal zehn Semester studiert, um dann gleich ein 6-stelliges Jahresgehalt zu bekommen, vorbei waren. Also überlegte ich mir, in meinem Ausbildungsbetrieb eine klassische Inhouse-Karriere anzustreben. Nach meiner Ausbildung zum Industriekaufmann durfte ich ein zusätzliches Jahr in meine Weiterbildung investieren, um mich dann schließlich „Wirtschaftsassistent" zu nennen.

Ich hatte damals (lang vor den „Herr der Ringe"-Filmen) den großen Traum, für ein halbes Jahr nach Neuseeland zu reisen. Heute nennt man so eine Zeit „Sabbatical", im Jahr 1997 war diese Art von unbezahltem Urlaub und begrenzter Freistellung noch nahezu unbekannt. Ich habe einmal mehr mein noch schlummerndes Verkaufstalent aufgebracht, um meine Ausbildungsleiterin auf meine Seite zu bringen. Mit ihr war also alles abgesprochen und die Firma hätte mir ein halbes Jahr unbezahlten Urlaub gegeben und mich dann auch wieder übernommen. Ich steckte mitten in den Vorbereitungen, als ich plötzlich einen Anruf von meiner Ausbildungsleiterin bekam. Sie kannte mich sehr gut und wusste, für welche Stelle im Unternehmen ich mich am meisten interessierte. Und „zufällig" wurde diese Stelle frei und sie suchte einen Nachfolger. Während des Gespräches hat sie mir verdeutlicht, dass ich ihre Traumbesetzung wäre. Ich habe mir ein Wochenende Bedenkzeit erbeten, bin in mich gegangen und die Vernunft siegen lassen. Ich habe meinen Traum „Neuseeland" nach hinten geschoben und mich für die Stelle entschieden. Der Glaubenssatz, den ich damals im Kopf hatte, war: „Arbeit geht vor!"

Ich bereue diese Entscheidung von damals nicht, habe ich doch wichtige Lehren für die Zukunft daraus ziehen können. Mein Herz und mein Bauch sagten „Neuseeland", mein Verstand sagte: „Du bist ja noch jung und kannst das irgendwann anders nachholen." Heute frage ich mich: „Ja, wann denn?" Ich zehre bei meinen Entscheidungen von heute immer noch von der damals getroffenen Entscheidung. Ich war bis heute (2013) nicht in Neuseeland und komme immer wieder in die Versuchung, mich zu fragen, wie mein Leben verlaufen wäre, wenn ich mich damals anders entschieden hätte.

Ich glaube ganz fest daran, dass uns das Leben im Schnitt ca. 20 große Chancen bietet. Die überwiegende Mehrzahl aller Menschen ergreift nur eine am Schopf. Ich hatte damals diese Chance und habe sie verstreichen lassen. Jetzt hatte ich von meinen 20 Chancen nur noch 19 frei, ich realisierte, dass der Traum „Neuseeland" geplatzt war.

Welche Chancen und Träume haben Sie in Ihrem Leben schon zerplatzen lassen? Gibt es aktuell eine Entscheidung, die Sie treffen müssen? Gibt es sogar eine Entscheidung, die mit einer großartigen Chance zusammenhängen kann?

! Wie werden Sie sich entscheiden?

Der erste Wechsel

Sieben Jahre waren seit dem Beginn meiner Lehrzeit vergangen, und ich hatte bei meinem Arbeitgeber die Aufgabe, die Auslandsniederlassungen von England zu betreuen. Diese Arbeit machte mir sehr viel Spaß, mein Englisch wurde im Laufe der Zeit immer besser, und ich begann sogar, den englischen Humor zu verstehen. Meine Vorgesetzten haben mir in meinen Beurteilungsgesprächen stets eine tolle Laufbahn prophezeit. Alles war also wunderbar – bis zu dem Moment, als der Firmengründer und Alleininhaber der Firma starb und die Witwe nach und nach begann, firmenfremde Manager anzuwerben, die ihrerseits wieder fremde Manager mitbrachten. Die Firma, ehemals familiär und mittelständisch, wurde immer globaler aufgestellt, und ich erkannte, dass die von mir angestrebte Inhouse-Karriere immer weiter in die Ferne rutschte. Immer wieder wurde ich vertröstet, wenn es darum ging, neue Teamleiterstellen zu besetzen, und so fasste ich schließlich den Entschluss, mich umzuorientieren. Frei nach dem Motto „Andere Mütter haben auch schöne Töchter" habe ich allerlei Angebote durchleuchtet, aber dennoch gezögert, mich fremd zu bewerben.

Am Ostersonntag im Jahr 2001 zog ich mit meinem damaligen Nachbarn ein bisschen um die Häuser und klagte ihm mein berufliches Dilemma. Mein Nachbar kümmerte sich zu diesem Zeitpunkt schon fünf Jahre lang um meine Finanzen, und er schlug mir vor, einen Blick hinter die Kulissen seiner Firma, einem Strukturvertrieb, zu werfen. Dies haben wir gleich am Tag darauf getan und ich schrieb quasi am selben Tag meine Kündigung an meinen Arbeitgeber. Alle erklärten mich für verrückt. Ich könne doch nicht mein sicheres Angestelltenverhältnis kündigen und mich selbstständig machen. Ob ich denn wisse, welche Pflichten, Voraussetzungen und somit auch Gefahren drohen würden. Ausnahmslos jeder versuchte mir, die Selbstständigkeit auszureden. Keiner hat mich damals unterstützt. Mir wurden nur Steine in den Weg gelegt. Und dann auch noch ein Strukturvertrieb ohne Fixum, rein auf Provisionsbasis. Der Finanzvertrieb allgemein hatte und hat in Deutschland ja leider nicht den besten Ruf. Als ich mich im Juli 2001 selbstständig in der Finanzbranche machte, waren die Märkte gerade am Kippen. Die Blase des neuen Marktes platzte, und kaum hatte ich richtig begonnen, kam der 11. September 2001.

Das alles hat natürlich meinen Ehrgeiz beflügelt und ich habe als Quereinsteiger einen klasse Start hingelegt. Trotz aller Warnungen und/oder Marktgegebenheiten. Ich wollte es schließlich allen zeigen. Ich musste den Vertrieb von der Pike auf lernen, es gab damals kaum Unterstützung, und es herrschte das System „Learning by Doing". Ich bin durch eine harte Schule gegangen. Wie man verhandelte, wusste ich zwar aus meinen Erfahrungen als Veranstalter, wie man aber entsprechend verkauft, das durfte ich erst noch lernen. Es war daher nur eine logische Schlussfolgerung, dass ich bei meinen ersten zehn Beratungen nur Neins bekommen habe. Mir war klar, ich musste etwas ändern, deswegen besorgte ich mir Verkaufsbücher und begann, Seminare zu besuchen. Und es wirkte. Ich galt bis dato als einer der besten Quereinsteiger und gewann in meinem ersten Jahr bereits eine Incentive-Reise. Ich wurde für zehn Tage in ein Hotelhüttendorf eingeladen und bin gerade mal ein Jahr nach meinem Start im Strukturvertrieb mit weiteren erfolgreichen Vermögensberatern zusammengekommen. Während dieses Aufenthaltes waren insgesamt ca. 60 weitere Kollegen/-innen ebenfalls Gäste im Hüttendorf, und auf Seminaren und Gemeinschaftsveranstaltungen konnte man sich prima kennenlernen, was von der Gesellschaft auch gewollt war. Auf meinem Zimmer hatte ich eine Liste mit den Namen aller anderen Gewinner liegen, und da ich die Rangliste eingepackt hatte, konnte ich prüfen, wer vom Ranking her noch besser als ich war. Diese Namen markierte ich mir und bin eines Nachmittages losgezogen, habe an die Türen der jeweiligen Kollegen geklopft und gefragt, ob wir uns mal kurz austauschen könnten. Natürlich waren alle sofort bereit dazu, denn bei uns gab es folgendes Credo: „Der Kleine hilft dem Großen und der Große hilft dem Kleinen." An diesem Nachmittag bekam ich sehr viele Tipps, wie die anderen erfolgreich wurden. Ich machte mir sehr viele Notizen und fing schon während des Aufenthaltes an, mein Verkaufsgespräch zu überarbeiten. Voll mit neuen Ideen und hoch motiviert stürzte ich mich nach meiner Rückkehr in die Arbeit. Doch die Erfolge blieben aus. Nichts funktionierte mehr. Ich erzielte keine Abschlüsse mehr, bekam kaum mehr Empfehlungen und wenn, dann waren diese qualitativ nicht sehr hochwertig. Ich arbeitete mehr denn je, aber ohne Ergebnisse. Ich war am Verzweifeln. Mittlerweile war bereits über ein halbes Jahr vergangen und meine finanziellen Reserven waren nahezu aufgebraucht. Alles drehte sich nur noch um meine finanziellen Verpflichtungen und ich hangelte mich von Monat zu Monat. Manchmal wusste ich nicht, wie ich meine nächste Tankfüllung zahlen sollte. Ich musste letztendlich meine Eltern um 2.000 € anpumpen, um die nächsten Monate zu überstehen. Es war einer der schwersten Momente meiner beruflichen Laufbahn, denn in diesem Moment hatten ja scheinbar alle meine Kritiker, die mich vor dem Schritt in die Selbstständigkeit gewarnt hatten, gewonnen. Versagensängste machten sich breit und mein Selbstvertrauen war am Boden. Ich versank im Selbstmitleid und konzentrierte mich hauptsächlich auf die Ausgaben, die ich hatte. Ich verlor komplett meine Ziele aus dem Blick und vergaß völlig, welche Erfolge ich bereits erzielt hatte und was mich letztlich erfolgreich machte. Im Jahr 2003 hatte ich Jahresbruttoeinnahmen in Höhe von 8.350 €, und als ich im Herbst endlich wieder aufwachte, meine Ziele wieder in den Mittelpunkt meiner Tätigkeit stellte und meinen Optimismus wieder zurückgewann, da fing das Rad wieder langsam an zu laufen. Ich besann mich wieder auf meine Stärken und erinnerte mich an die Werkzeuge und Systeme, die mich erfolgreich machten. Diese optimierte ich und hatte am 18.11.2003 wieder meinen ersten richtig tollen Abschluss. Manche Daten vergisst man einfach nie. Ab dann ging es wieder bergauf. Ich war wieder ich selbst und authentisch. Ich habe erkannt, dass Kopieren nicht gleich Kapieren ist und jeder Mensch eben mit anderen Werkzeugen Erfolg hat. Einer meiner besten Kollegen von damals hatte unwahrscheinlich viel Erfolg bei seinen Kunden, indem er sie ständig mit irgendwelchen Zeitungsartikeln konfrontierte, die eben aussagten, tu dies oder tu jenes, oder wenn du dies nicht machst, dann kann dir das passieren usw. Ich staunte über seine Erfolge, doch mein Weg war es nicht. Ich kam mit solchen Berichten überhaupt nicht zurecht. Ich blieb meinem Weg bis zum Ende im Strukturvertrieb treu. Habe mein System im Kern nie mehr verändert, natürlich immer wieder optimiert und angepasst, aber ich hatte eben damit Erfolg. Und das ist mir im Jahr 2003 bewusst geworden.

Es war ein sehr lehrreiches Jahr, und ich habe viel über mich und die Glaubenssätze gelernt, die mir auf meinem Weg so mitgegeben wurden. Versagensangst und das Gefühl „Ich schaffe es nicht" oder auch „Erfolg steht mir gar nicht zu" waren so typische Muster, die ich erkannte und dann nach und nach versucht habe zu neutralisieren. Auch mit Geld hatte ich so meine Probleme. Obwohl ich in meiner Kindheit zwar meine Geldtruhe hatte und davon ausgegangen bin, dass ich eine gute Beziehung zu Geld habe, konnte ich die ersten großen Provisionsauszahlungen von 5.000 € und mehr nicht so einfach annehmen. Ich erkannte, dass ich ein Problem mit Geldverdienen hatte. Auch daran musste ich arbeiten, und ohne die Persönlichkeitsseminare und die vielen tollen Seminarleiter, die ich bisher haben durfte, hätte ich es kaum geschafft.

Welche Glaubenssätze arbeiten denn in Ihnen? Was hält Sie davon ab, Ihre Ziele zu erreichen und Ihre Visionen umzusetzen? Welche Stimmen hören Sie evtl. in Ihrem Kopf? Was sagen Ihnen diese Stimmen?

!• Notieren Sie sich alle Aussagen, die Sie selbst über sich denken und sagen. Tun Sie dies am besten schriftlich. Was denken und fühlen Sie, wenn Sie Ihre Notizen durchlesen? Wie gehen Sie zukünftig damit um? Stammen diese Glaubenssätze wirklich von Ihnen oder hat man Sie so programmiert?

Wissen, Tun, Erfahrungen und die Medien

Ohne Seminare und Hilfe von Seminarleitern wäre ich mit Sicherheit nicht da, wo ich heute bin. Ich begann, mit dem Start der Selbstständigkeit immer wieder Seminare zu besuchen. Zunächst lag mein Fokus auf Verkaufsseminaren. Doch schon bald merkte ich, dass zum Verkauf auch die Persönlichkeit gehört. Daraufhin buchte ich auch immer wieder Persönlichkeitsseminare. Auch manche tiefenpsychologische Seminare mit Kleingruppen waren dabei, und so erhielt ich immer wieder Hilfe und Unterstützung. Heute kann ich sagen, dass ich jedes Seminar genau dann besuchte, als ich es auch brauchte. In den letzten Jahren habe ich nahezu eine sechsstellige Summe in meine Weiterbildung und -entwicklung investiert. Viele meiner Freunde schütteln auch hier den Kopf. Immer wieder sage ich irgendwelche Feiern ab, da ich gerade wieder ein Wochenende unterwegs bin. Doch mit jedem Seminar wächst mein Wissen und mit jedem Seminar steigere ich meinen Wert ein klein wenig. Ich erhalte neue Anregungen, die ich umsetzen kann. Ich überlege mir nach jedem Seminar, was waren meine drei Highlights, die ich sofort umsetzen kann? Das heißt aber automatisch, dass ich sofort ins Tun komme. Denn Wissen ohne Tun bleibt absolut wertlos. Nur wenn Sie Erlerntes umsetzen, bekommen Sie Erfahrungen. Und nur an Erfahrungen können Sie wachsen.

Mittlerweile besuche ich nicht nur Seminare, sondern versuche auch, ein Buch pro Woche zu lesen. In meinen Bücherregalen stehen hauptsächlich Biografien oder auch Sachbücher zu allen Themen rund um Erfolg und Erfüllung. Zu jedem Buch mache ich mir entsprechende Notizen und markiere die für mich wichtigsten Aussagen. Oftmals ziehe ich ein Buch aus dem Regal und blättere einfach darin, um wieder neue Blickpunkte für bevorstehende Trainings zu bekommen, die ich selbst konzipiere. Auch wenn ich gerade mal eine Denkblockade habe, schnappe ich mir häufig ein Buch und komme so wieder auf neue Ideen. Ich bin der festen Überzeugung, dass Sie auch mit jedem Buch, das Sie lesen, Ihren Wert ein klein wenig steigern, da Sie sich wieder neues Wissen aneignen. In jeder Biografie können viele tolle Schätze stecken. Da Sie die Lebensgeschichte einer Person durcharbeiten, können Sie evtl. von deren Erfolgsgeheimnissen profitieren und brauchen viele Fehler oder negative Erfahrungen, die geschildert werden, nicht selbst zu machen. Jedes Buch kann also auch die Funktion eines Coachs einnehmen. Es kann natürlich einen lebendigen Coach nicht ersetzen, aber dennoch kann es sehr interessant sein, wie andere Menschen vielleicht mit Problemen umgegangen sind, die Sie in Ihrer Branche und Ihrem Beruf vielleicht in ähnlicher Form haben.

Da ich sehr oft im Auto sitze, habe ich mir auch angewöhnt, Hörbücher zu hören, und mache mein Auto so zu einer fahrenden Bibliothek. Manche Hörbücher sind so toll gesprochen, dass ich es oftmals gar nicht erwarten kann, wieder für einige Stunden im Auto zu sitzen. Auch Podcasts kann ich Ihnen nur empfehlen. Bei uns in Bayern gibt es Radiosendungen, bei denen wöchentlich immer Personen aus Wirtschaft, Politik oder dem öffentlichen Leben zu Gast sind. Diese Gespräche werden aufgezeichnet und kostenfrei als Podcast ins Netz gestellt. Eine ungeheure Schatztruhe. Innerhalb von einer knappen Stunde lernen Sie so neue Menschen kennen und können von deren Erfahrungen, Denkweisen oder auch Lernprozessen profitieren. Viele dieser kurzen Podcasts haben mich schon sehr stark berührt und mich zum Nachdenken angeregt. Ich kann Ihnen nur empfehlen, nach solchen Podcasts Ausschau zu halten, und bin selbst immer wieder dankbar über neue Tipps.

Viele Trainer zeichnen mittlerweile Ihre Seminare auf und bieten sie als DVD-Seminare an. So holen Sie sich das Seminar in Ihr Wohnzimmer, können es vielleicht sogar mit Ihrem Lebenspartner zusammen ansehen, und dies beliebig oft. Bitte reservieren Sie sich aber eine feste Zeit dafür und sorgen Sie weiterhin dafür, dass Sie nicht gestört werden. Nur so haben Sie einen ähnlichen Effekt wie bei einem Echt-Seminar, wenngleich Ihnen natürlich die noch viel intensivere Live-Atmosphäre fehlt.

Und dann noch ein Wort zu den Medien. Ich lese seit 2001 keine Tageszeitungen mehr, versuche, die Fernsehnachrichten so gut es geht zu vermeiden, und höre auch keine Nachrichten im Radio. Alle 30 Minuten werden über die Frequenzen der Sender die gleichen Neuigkeiten ausgestrahlt. Wie in einer Art Dauermantra.

Manche Sender haben sich sogar auf Nachrichtensendungen spezialisiert. Hier bekommen Sie die Dosis sogar alle 15 Minuten. Und wenn Ihnen das nicht reichen sollte, bekommen Sie am Abend dieselben Nachrichten nochmals mit Bildern in Ihr Wohnzimmer geliefert. Um 18:45 Uhr geht es auf den Privatsendern los, dann folgt um 19:00 Uhr „Heute", um 20:00 Uhr die „Tagesschau" und mit dem „Heute-Journal" und den „Tagesthemen" können Sie die Nachrichten so lange wiederholen, bis sie ganz tief wirken. Warum müssen wir ständig immer über alles und sofort informiert sein? Ich wundere mich manchmal über die Bilder und Videos, die in den Nachrichtensendungen am Vorabend ausgestrahlt werden. Manches, was da gezeigt wird, dürfte in Filmen erst ab 22 Uhr gezeigt werden bzw. wird im Fernsehen überhaupt nicht ausgestrahlt. Und dennoch sitzen doch die Kinder mit am Tisch, wenn die Eltern die Nachrichten anschauen. Ein Kind kann doch noch nicht entscheiden, was da passiert. Unser Unterbewusstsein selbst denkt übrigens auch nur in Bildern, und so versorge ich es jeden Tag mit allem, was so auf der ganzen Welt passiert ist. Und da ich mich einer wahren Bilderflut aussetze, speichere ich somit auch alles, was ich so aufsauge. Meiner Meinung nach gilt hier der Spruch: „Only bad news are good news!" In den wenigsten Reportagen wird doch von Positivem berichtet. Auch bei den Nachrichtensendungen geht es nur um eines: die Quote.

Ich möchte Ihnen nicht die Nachrichten madig machen, Sie dürfen selbst entscheiden, was Sie weiterhin machen werden. Und wenn Sie sich jetzt fragen, wie ich an meine Informationen komme, dann gebe ich Ihnen eine ganz einfache Antwort. Ich besuche jeden Tag einmal im Internet die Homepages von drei Newsportalen. Durch die Schlagzeile und die Kurzberichte über max. fünf Zeilen kann ich anschließend selbst entscheiden, ob ich mich in ein Thema oder eine Schlagzeile intensiver einlese. Ich entscheide also, welche Nachrichten ich lese und an mich heranlasse. Außerdem habe ich in den Jahren seit 2001 wirklich nichts verpasst, denn es gibt um mich herum ja noch so viele Menschen, die sich ständig up to date halten. Die für mich wichtigen Nachrichten sind also nie an mir vorbeigegangen.

Ich möchte Ihnen nochmals das Lesen empfehlen: Bevor Sie sich das nächste Mal durchs Fernsehprogramm quälen, nehmen Sie doch mal wieder ein gutes Buch in die Hand. Viele Menschen, die ich kenne, bewundern immer meine Bücherregale und äußern dann, dass sie selbst ja gar nicht die Zeit dazu hätten, so viel zu lesen. Ich glaube nicht, dass es der Mangel an Zeit ist. Es ist nur die Frage, was ich mit meiner Zeit mache. Ich lese zum Beispiel jeden Abend, wenn ich zu Bett gehe, mindestens 15–20 Minuten. So kann ich entspannen, schlafe mit einer positiven Einstellung ein und blende die Probleme des vergangenen Tages aus.

Jetzt fragen Sie sich vielleicht, mit welchen Büchern oder Seminaren Sie beginnen sollen. Auch hier eine einfache Antwort: Suchen Sie sich doch solche Angebote aus, die Sie für sich, Ihre Branche oder Ihren Beruf nutzen können. Fragen Sie auf Seminaren, die Sie besuchen, andere Teilnehmer, welche Bücher diese gerade gelesen haben. Lassen Sie sich gleich erklären, um was es in den Büchern geht, so bekommen Sie schon mal eine kurze Inhaltsangabe und können entscheiden, ob Sie das Buch auch tatsächlich lesen wollen. Bei den meisten Seminaren, die ich besuche, gibt es im Foyer Bücherstände, die einiges an Literatur aufbieten, um die Seminarinhalte nochmals zu vertiefen. Und wenn Sie schon mal angefangen haben zu lesen, bekommen Sie in den Büchern immer wieder neue Tipps und Referenzen, die Sie dann auch lesen können. Ich selbst habe immer mindesten 20–30 Bücher, die ich noch nicht gelesen habe, in Warteschleife. So kann mir der „Stoff" nie ausgehen. Bei den Seminaren funktioniert es übrigens genauso. Fragen Sie andere Teilnehmer nach Seminarempfehlungen und fragen Sie sie weiter, warum Sie Ihnen gerade dieses Seminar und diesen Trainer empfehlen. So bin ich schon zu Seminaren gekommen, von denen ich sonst sicher nie etwas gehört hätte.

! Entscheiden Sie jetzt: Welches Seminar wollen Sie als Nächstes besuchen und welches
● Buch wollen Sie jetzt gleich bestellen? Treffen Sie Ihre Entscheidung bitte wirklich jetzt.

Der zweite Wechsel

Seit Juli 2001 war ich nun im Vertrieb tätig, baute mir seitdem einen guten Kundenstamm auf, kam in eine gute Empfehlungsschiene und verdiente auch gutes Geld. Immer wieder gewann ich auch Incentive-Reisen, und ich hatte einfach Spaß, meine Kunden zu beraten. Mein Abschlussverhältnis betrug bis auf wenige Ausnahmen 1:1, d. h., jeder Interessent, den ich besuchte, wurde im Anschluss auch Kunde. Es war also alles prima. Doch je besser es lief, desto unzufriedener wurde ich. Irgendetwas war da in mir, was sich mit dem bisher Erreichten noch nicht zufriedengab. Ich wollte weitere Ziele erreichen. Ich merkte, dass ich für die Tätigkeit, die mir am meisten Spaß machte, keine Vergütung erhielt. Ja, ich wurde eigentlich sogar bestraft dafür. Das, was mich nämlich am meisten erfüllte, war das Schulen, Trainieren, Coachen und Begleiten von neuen Kolleginnen und Kollegen. Bei jeder neuen Schulungsanfrage hob ich die Hand und bereitete die Themen mit größter Sorgfalt vor. Die größten Momente waren die Vorträge vor unserer ganzen Gruppe. Ich liebte es, wenn ich vor 60−100 Menschen auf der Bühne stehen durfte und einfach erzählen konnte, was mir so durch den Kopf ging. Natürlich habe ich auch diese Vorträge pedantisch vorbereitet. Ich versuchte, nichts dem Zufall zu überlassen und die Zuhörer in meinen Bann zu ziehen. Doch wann immer ich diese Schulungsmaßnahmen oder Vorträge vorbereitet habe, hatte ich ja keine Zeit zur Neukundenakquise zur Verfügung. Und wenn Sie im freien Strukturvertrieb keine Akquise betreiben, haben Sie auch keine Chance, neue Termine zu vereinbaren. Und wer keine Termine hat, hat keine Chance, ein Geschäft zu platzieren. Und bei dem, der kein Geschäft platziert, bleibt leider die Null am Konto stehen. Und das ärgerte mich. Ich überlegte bereits 2006, ob es nicht irgendeine Berufskonstellation geben würde, bei der ich zum einen selbstständig bleiben könnte – ein Angestelltenverhältnis stand für mich nicht zur Debatte – und zum anderen aber auch weiterhin im Finanzvertrieb tätig sein könnte. Meine einzige Möglichkeit wäre damals gewesen, mich als Trainer selbstständig zu machen. Da ich bis dahin weder eine Trainerausbildung noch Referenzen hatte, war mir dieser Schritt schlichtweg zu riskant. Ich schob den Gedanken also zunächst auf die Seite. Bis zum Februar 2007.

Ich las an einem Samstag die Wochenendausgabe der Tageszeitung meiner Schwiegereltern, da ich mit meiner damaligen Frau auf eine Verbrauchermesse gehen wollte. Da mich interessierte, ob sich der Besuch lohnen würde, erkundigte ich mich daher mithilfe der Zeitung über das geplante Messeprogramm. Beim Durchblättern ist mir zufällig die Anzeige einer großen deutschen Fondsgesellschaft aufgefallen, die einen freiberuflichen Trainer suchte. Die Hauptaufgabe des gesuchten Trainers bestand darin, für die 23 Geschäftsstellen einer großen Bank direkt in meinem Wohngebiet Trainings und Coachings vor Ort durchzuführen. Hauptschwerpunkt Wertpapiergeschäft. Ich las die Anzeige glatt dreimal durch, da ich meine Wunschtätigkeit nicht besser hätte beschreiben können. Gleich am Montag darauf habe ich beim zuständigen Ansprechpartner angerufen, mich beworben, und beim 3-stündigen Bewerbungsgespräch hat sich herauskristallisiert, dass ich der Wunschkandidat der Firma war. Dennoch habe ich mir Bedenkzeit erbeten. Das vermeintlich sichere Angestelltenverhältnis von meinem ersten Arbeitgeber zu kündigen war viel einfacher, als mich nun von meiner selbstständigen Tätigkeit als Vermögensberater zu verabschieden und etwas Freiberufliches zu wagen. Ich habe mir zwei Wochen für die Entscheidungsfindung Zeit gelassen. Und es war eine Zeit, in der ich immer wieder hin und her geschwankt bin. Alle „Plus-Minus-Listen" halfen nichts, ich drehte mich im Kreis. Ich sagte alle meine Kundentermine ab, und je länger ich überlegte, desto schlechter ging es mir auch gesundheitlich. Ich hatte Verspannungen und Kreuzschmerzen und mein Kopf pochte immer stärker. Und dann musste ich auch noch auf eine weitere Incentive-Abendveranstaltung gehen. Diese fand in einer gemieteten Diskothek statt, und als ich dann beobachtete, wie getanzt und gefeiert wurde, traf ich die Entscheidung, mich beruflich zu verändern.

Fortan hatte ich also mehr oder weniger zwei „Exklusivverträge", einen mit der Bank, deren Beraterteams ich unterstützte, und einen für die Fondsgesellschaft, in deren Auftrag ich das Fachwissen in die Bank bringen sollte. Und das alles in freiberuflichem Auftrag, auf Stundenhonorar-Basis.

Und dann passierte etwas Komisches: Genau die Stimmen, die mir damals geraten hatten, nicht zum Strukturvertrieb zu geben, erklärten mich nun abermals für verrückt! Ich könne doch jetzt nicht aussteigen. Jetzt, wo es so gut läuft und ich so tolle Erfolge hätte. Sie verstanden die Welt nicht mehr und schüttelten nur den Kopf über meine Entscheidung. Jetzt verstand ich die Welt nicht mehr – kann man es denn niemanden mehr recht machen?

Noch mal: Mit der getroffenen Entscheidung müssen zuallererst Sie selbst leben. Niemand anderes. Ich habe die Entscheidung schließlich aus dem Bauch heraus getroffen. Ich fühlte mich zur neuen Tätigkeit hingezogen. Ich war damals einer der Pioniere, in Bayern sogar der Erste, der diese Tätigkeit ausführen durfte, und ich stellte mich gerne dieser Herausforderung. Und es war eine Herausforderung. Ich war ja das hohe Tempo des Strukturvertriebes gewohnt und versuchte nun, meine Ideen in einem eher konservativ geprägten, mittelständischen und regional verwurzelten Bankhaus vorzustellen. Ich wäre daran fast verzweifelt und wollte, nachdem ich im Juli begonnen hatte, im Oktober desselben Jahres schon wieder alles hinschmeißen. Doch wieder habe ich mich durchgebissen und mich mit der Situation angefreundet. Ich lernte die Menschen immer besser kennen, und es machte immer mehr Spaß, Menschen begleiten zu dürfen, um sie zu mehr und einfacheren Verkaufserfolgen zu führen. Ich bildete mich auch während dieser Zeit fort, besuchte zahlreiche Seminare und hatte den Anspruch, immer besser zu werden. Ich lernte in der Bank eine ganz andere Seite des Vertriebes kennen und kann rückblickend sagen, dass ich froh bin, nicht das Handtuch geworfen zu haben. Ich habe während dieser Zeit als Coach in den Gesprächen so viele Erfahrungen sammeln können, von denen ich heute noch enorm profitiere. Ich konnte mein Gespür für Menschen weiterentwickeln, habe viele Werkzeuge kennengelernt und testen können, die mir heute noch wertvolle Hilfen bieten. Auch wenn ich zu Beginn nicht die einfachste Zeit hatte, so blicke ich nun mit Dankbarkeit auf die Zeit zurück.

! Wann standen Sie schon mal kurz vor dem Aufgeben? Haben Sie sich trotzdem durchgebissen? Was haben Sie in dieser Zeit gelernt und für Erfahrungen sammeln können? Bitte notieren Sie sich auch hier Ihre Punkte.

Mein Umgang mit den Krisen 2001 und 2008

Im Juli 2001 startete ich meine Selbstständigkeit im Finanzvertrieb. Die Technologieblase war gerade am Platzen und im September 2001 kamen dann noch die Terroranschläge aufs Weiße Haus und das World Trade Center. Ich kann mich noch genau daran erinnern, bei welchem Kunden ich am 11. September 2011 gesessen bin. Ich habe mich noch gewundert, welche Filme er am Nachmittag schon anschaut und dass überhaupt der Fernseher läuft, wenn ich als sein Finanzberater zu Besuch komme. Er hat mich dann kurz über die Situation aufgeklärt, und natürlich war auch ich erst mal fassungslos. Dennoch habe ich versucht, mich auf meine Arbeit zu konzentrieren. Bitte verstehen Sie mich jetzt nicht falsch, denn natürlich habe ich auch ein sehr starkes Mitgefühl für alle Betroffenen dieser schrecklichen Anschläge. Doch habe ich mich gefragt, was außer Mitgefühl und vielleicht Geldspenden kann ich (also ich alleine) an dieser Situation jetzt ändern? Die Flugzeuge waren schon kollidiert, die Türme eingestürzt, die Welt war am Verzweifeln. Entweder ich jammere jetzt mit, oder ich versuche trotzdem, nach vorne zu schauen und ganz normal weiterzumachen. Ich kann die Geschehnisse schließlich nicht mehr rückgängig machen. Knallhart habe ich mir auch hier die Frage gestellt: „Was ist daran positiv zu sehen?" Nicht immer findet man gleich eine Antwort auf diese Frage. Manchmal dauert es vielleicht sogar einige Jahre, bis man einen Sinn erkennt. Heute wissen wir, dass zumindest die New Yorker Bürgerinnen und Bürger zusammengerückt sind und eine noch nie zuvor gezeigte Solidarität entwickelten. Neben dem Bau des Freedom Towers bzw. des One World Trade Centers gibt es mit Sicherheit noch viele andere positive Dinge, die sich seitdem entwickelten.

Ich habe damals also versucht, mich von der negativen Stimmung nicht anstecken zu lassen und ganz normal meine Arbeit zu tun. Ich habe jeden meiner Kunden so beraten, als gäbe es keine Krise, und komischerweise reagierten die Kunden dann auch so. Ich hatte zu dieser Zeit keine Probleme mit Umsatzeinbrüchen. Eher das Gegenteil war der Fall und ich wurde rasend schnell weiterempfohlen. Vielleicht habe ich meine Kunden mit meinem Optimismus angesteckt. In einer Krise ist es übrigens ganz leicht, aufzufallen: nur nicht mitjammern, lieber optimistisch nach vorne schauen. Ich habe manchmal das Gefühl, dass die Menschen genau dann ein Licht brauchen, wenn es vom gefühlten Empfinden her ganz dunkel ist. Und strahlen können wir doch schließlich alle.

Dann kam ein paar Jahre später 2007/2008 mit der US-Immobilien- und der anschließenden Staats- und Finanzkrise schon der nächste wirtschaftliche Abschwung. Dieses Mal war ich nicht mehr in der aktiven Beratung und hatte auch keine eigenen Kunden mehr, sondern stand an der Seite von den Bankmitarbeiterinnen und Mitarbeitern, die ich im Coaching-Prozess begleitete. Diese Kollegen hatten während der Krise einiges auszuhalten, und ich wurde sehr oft Zeuge von Gesprächen, die schon stark unter die Gürtellinie gingen. Manche Bankkunden waren so verunsichert, aufgebracht und böse, dass sie die Kollegen in den Filialen regelrecht angriffen und auch vor persönlichen Beschimpfungen nicht haltmachten. Das zu beobachten, immer wieder Aufbauarbeit zu leisten und Motivation zu geben war noch schwerer, als die eigene Entscheidung im Jahr 2001 zu treffen, einfach weiterzumachen. Es zerriss mir manchmal das Herz, wenn ich mitbekam, dass manche Kollegen/-innen sich in der Pause oder am Abend in ein stilles Kämmerlein zurückzogen und ihren Tränen freien Lauf ließen. Doch was kann ein kleiner Bankangestellter für die große Krise? Die Banker vor Ort werden von den Medien zu Unrecht verurteilt und der Beruf der Bankkaufleute ist nach wie vor ein ehrenwerter Beruf. Ich behaupte, er wird auch immer wichtiger werden, da wir nicht nur in Deutschland, sondern in ganz Europa scheinbar immer weniger das Verständnis für Geld haben. Sparen wird immer unwichtiger, Konsum immer wichtiger. Früher hat man mit dem Geld, das man sich angespart hat, die Dinge gekauft, die man brauchte. **Heute kauft man mit dem Geld, das man nicht hat, Dinge, die man nicht braucht, um Menschen zu beeindrucken, die man eigentlich gar nicht leiden kann.** Und das ist traurig. Die 0%-Sonderfinanzierung lockt überall, und es wird uns vorgegaukelt, dass Schulden zu machen gar nicht so schlimm sei. Wenn es aber dann um so wichtige Themen wie Altersvorsorge oder Sparen geht, schalten wir immer schneller auf Durchzug. Warum schreibe ich diese Zeilen in dieses Kapitel? Nun, die Menschheit lernt scheinbar nicht dazu. Denn die US-Immobilien-Krise hatte ihren Ursprung u. a. in der Konsumsucht der Amerikaner, die vor der Krise sogar mehr ausgaben, als sie verdienten. Alles wurde auf Pump gekauft. Und wie schaut es in Deutschland heute aus? Die Verschuldungsquote der Privathaushalte in Deutschland steigt immer schneller an, die sog. Schere zwischen Arm und Reich klafft immer weiter auseinander und gerade die junge Generation ist hier am stärksten betroffen. Und deren Eltern tun immer weniger dafür, sie doch zum Sparen zu animieren. „Jetzt leben" heißt die Devise, und „irgendjemand wird zukünftig schon für mich sorgen", höre ich in Kundengesprächen immer häufiger.

Hier entwickeln sich für mich persönlich Trends, die den Nährboden für die nächsten richtig großen Krisen bieten könnten. Doch Krisen gehören dazu. Nicht nur in der Wirtschaft, nein auch im Privatleben. Und sie werden wieder kommen. Nach der Ebbe kommt die Flut, nach dem Regen die Sonne und nach der Nacht der Tag. Es geht immer irgendwie weiter, ich darf nur den Glauben nicht verlieren. Das sind jetzt natürlich alles abgedroschene Phrasen, doch auch hier gilt mehr denn je: „Schuster, pfeif auf deine Leisten!" Versuchen Sie doch, die nächste Krise mal ganz anders zu meistern und die positiven Seiten und die Chancen, die sich bieten können, zu meistern. Bisher gab es in jeder Krise auch Gewinner, die Lernprozesse schneller entdeckten und gestärkt aus ihr hervorgingen. Wie wäre es, wenn Sie das nächste Mal mit dazugehören?

!• Wie haben Sie die Krisen 2001 und 2008 (oder auch noch lange davor) erlebt? Wie denken Sie heute über diese Krisen? Wie haben Sie reagiert und was haben Sie gelernt?

Persönliche Krise

Nach sieben Jahren Beziehung habe ich im Jahr 2005 das erste Mal geheiratet. Meine erste Frau hat alle geschäftlichen Höhen und Tiefen seit 1998 mitgemacht, hat meine „Musikerkarriere" miterlebt und wir absolvierten einige Persönlichkeitsseminare zu zweit. Im vierten Ehejahr, also nach elf Jahren Beziehung, fing es dann aber an zu kriseln. Irgendwie haben wir uns auseinandergelebt und unsere Kommunikation ist immer weniger geworden. Auch über unsere Ziele haben wir immer seltener gesprochen. Wir entfernten uns immer weiter voneinander. Mich hat das alles sehr belastet, auch wenn ich es vor meinem Umfeld und auch den meisten meiner Freunde verborgen gehalten habe. Nach außen hin haben wir noch das intakte Paar gespielt. Im September 2009 fing alles an und ich schleppte mich ein halbes Jahr durch meine persönliche Krise. Zu Beginn habe ich gedacht, alles könne so weiterlaufen wie bisher, wir hatten einen guten Lebensstandard, eine tolle Wohnung und beide ein gutes Gehalt. War ich aber glücklich? „Es lief eben so dahin", würde man sagen. Ich habe versucht zu funktionieren. Den ersten Warnschuss meines Körpers bekam ich im Dezember 2009. Ich musste mir ein Furunkel am Arm entfernen lassen und daraufhin Antibiotika schlucken. Da ich zu diesem Zeitpunkt eh schon einen nervösen Magen hatte, gab mir das Antibiotikum magen- und darmtechnisch auf unserer geschäftlichen Weihnachtsfeier den Rest. Mir wurde plötzlich so übel, dass ich sofort auf die Toilette musste. Der Abend war gelaufen und gesundheitlich hing ich vorher noch nie so in den Seilen. Im Februar des neuen Jahres hatte ich dann einen Blackout während eines 3-Tages-Trainings. Zum Glück waren wir am letzten Tag zu zweit, denn um 11 Uhr bin ich mehr oder weniger zusammengebrochen. Ich schleppte mich zur Geschäftsleitung der Schulungseinrichtung, bei der ich dieses Training abhielt, und bat um Freigabe für den Rest dieses Tages. Natürlich wurde mir dieser bewilligt, aber die Geschäftsleitung wollte mich nicht eine gute Stunde nach Hause fahren lassen, da ich wohl aschfahl ausgesehen haben muss. Ich bin dennoch heimgefahren, weiß von dieser Heimfahrt nichts mehr, und meine Erinnerung kehrte an diesem Tag erst um 17 Uhr zurück, als ich mit meinem Anzug zu Hause auf meinem Sofa aufgewacht bin. Völliger Blackout. Der nächste kam dann bereits im März. Wieder ein Training. Dieses Mal durchgehalten und am Abend eine geschäftliche Abendveranstaltung. Eine Kollegin und mittlerweile sehr gute Freundin hat mir meine Situation wohl angesehen, mich nur gefragt, wie es mir ginge, und dann habe ich nach sechs Monaten das erste Mal mit jemandem darüber gesprochen. Es ist quasi aus mir herausgebrochen. Danach ging es mir zwar ein wenig besser, gelöst war meine Situation allerdings noch lange nicht. Ich hatte nun allerdings eine Vertraute, die ich immer anrufen konnte und der ich vieles abverlangt habe. Zu Hause hat sich die Situation aber weiter zugespitzt, und mir war klar, dass eine Entscheidung getroffen werden musste, da es so nicht weitergehen kann.

Ich merkte noch viel deutlicher als im Jahr 2007, als ich „nur" zu entscheiden hatte, ob ich den Finanzvertrieb verlassen sollte, um zukünftig als Coach und Trainer zu arbeiten, dass jede nicht getroffene Entscheidung unendlich viel Kraft kostet. Und je schwerwiegender die Entscheidungen auch sind, desto mehr rauben sie uns unsere Kräfte. Ich habe in meiner Tätigkeit als Coach schon sehr viele tiefgründige Gespräche auch über persönliche Krisen geführt und habe noch niemanden kennengelernt, der solch eine Situation auf die leichte Schulter nehmen konnte. Wir Menschen sind schließlich keine Maschinen, sondern werden von unseren Emotionen geleitet.

! Fragen Sie sich bitte nochmals, ob Sie momentan eine Entscheidung treffen müssen.
● Wie werden Sie sich entscheiden? Denken Sie bitte daran: Jede nicht getroffene Entscheidung kostet Zeit, Kraft und evtl. Geld.

Wie werden Sie sich also entscheiden?

Der spanische Jakobsweg

Ich bin eigentlich ein absoluter Anti-Sportler und übe außer Spazierengehen und im Sommer gerne auch mal Bergwanderungen keine Sportarten aus. Dennoch habe ich einen Bewegungsdrang und hatte schon die verrücktesten Ideen. Frei nach dem Motto eben: „Schuster, pfeif auf deine Leisten!" Seit ich einen Monat vor meiner Ehekrise Hape Kerkelings Buch „Ich bin dann mal weg" gelesen habe, hat auch mich die Sehnsucht des Jakobsweges erfasst, und ich habe in den darauffolgenden Wochen unzählige weitere Bücher, Berichte und Reportagen über den Weg förmlich verschlungen. Mir war klar: Diesen Weg werde ich alleine laufen, und zwar im Jahr 2010. Ich bin zwar kein sehr religiöser Mensch im kirchlichen Sinne, aber ich wollte diese Faszination der langen Wanderung einfach mal miterleben und prüfen, ob ich dem gewachsen bin. Außerdem war ich neugierig, was der Weg wohl so mit mir anstellen würde und welche Gefühle in mir aufkommen würden. Nach meinem Plan hatte ich genau vier Wochen, daher musste ich entscheiden, ob ich die klassische „Kerkeling-Variante" laufen wollte, also von St. Jean Pied de Port in den Pyrenäen bis nach Santiago de Compostela, um dann die Heimreise anzutreten, oder von Pamplona bis nach Santiago und dann noch weiter bis ans Meer, nach Kap Finisterre. Ich entschied mich für die zweite Variante, auch weil ich bei der Anreise nach Pamplona bereits einen Tag einsparen konnte.

Wie bereitet sich ein Nicht-Sportler auf so eine Reise vor. Ganz pragmatisch. Ich habe im Internet die verschiedenen Reiseutensilien, also Rucksack, Schlafsack, Wäsche usw., verglichen, das Gewicht geprüft, und dann diejenigen Ausrüstungsgegenstände mit dem wenigsten Gewicht und dem besten Preis-Leistungs-Verhältnis gekauft. Ich bin vor dem Start zwei Mal mit meinem 11-Kilo-Rucksack für ca. drei Stunden gelaufen und war danach jedes Mal fix und fertig, habe aber gewusst, irgendwie wird es schon gehen. Das war meine komplette Vorbereitung. An einem Samstagmorgen Ende April 2010 ging mein Flieger, und ich habe am Freitag davor bis 22 Uhr gearbeitet, dann meinen Rucksack endlich gepackt und mir keinerlei Gedanken über mein Vorhaben gemacht. Ich wusste nur meine Route und die Kilometer, die ich jeden Tag zu laufen hatte, und habe mir bis dahin weder Gedanken darüber gemacht, warum es den Weg gibt, noch, was mich dort erwarten würde. Ich war mir nur sicher: Ich musste auf dem Weg die Entscheidung treffen, ob und wie es mit meiner Ehe weitergehen sollte. Mit diesem weitaus schwereren Gepäck auf den Schultern als meinen Rucksack bin ich also in Pamplona an einem Samstagabend angekommen und am Sonntag meine erste Distanz gelaufen. Bis man seinen eigenen Laufrhythmus gefunden hat und weiß, wann man am besten Pause macht, um die Etappen gut zu meistern, braucht es ein bisschen Zeit, und gerade in der Anfangsphase hat mir dies stark zu schaffen gemacht. Ich wollte nach ein paar Tagen wieder nach Hause und habe mir tatsächlich auch schon überlegt, was ich daheim sagen würde, wenn ich drei Wochen früher wieder ankommen würde. Aber ich hatte ja eine Entscheidung zu treffen, und so hielt ich durch. Meine Gedanken kreisten in den ersten Wochen immer nur um meine Situation zu Hause. Was sollte ich nur tun? Oftmals lag ich nachts wach und wälzte mich hin und her. Am nächsten Tag wanderte ich dann umso kaputter weiter. Ich vergleiche diesen Prozess immer mit der Formatierung einer Festplatte. Ich musste, glaube ich, auch körperlich erst mal ganz runterfahren, um meine Festplatte zunächst komplett zu löschen, um sie anschließend neu zu bespielen. Natürlich sind da auch ein paar Tränchen geflossen, doch schließlich traf ich die Entscheidung, dass es so nicht weitergehen könne, ich ausziehen müsse und mir eine Wohnung suchen würde. Ich habe mir mein Leben nach dem Jakobsweg wunderbar zurechtgelegt und mir schon Gedanken gemacht, wo ich meine Hemden zum Bügeln hingeben würde, wie ich mich weiterhin ernähren würde (ich bin in der Küche eine absolute Null), schlichtweg, wie mein Leben weitergehen sollte.

Und dann passierte etwas, was man nicht planen und schon gar nicht erwarten kann. Als ich mit meinem Denkprozess fertig war, ist mir erst mal eine zentnerschwere Last von den Schultern gefallen. Nach dieser Befreiung ist mir eine Mitpilgerin aufgefallen, mit der ich ab und zu mal ein paar Kilometer gelaufen bin und mich auch gut unterhalten konnte. Sie war mit ihrem Vater unterwegs und wir haben uns immer mal wieder getroffen. Irgendwie merkte ich plötzlich, dass da mehr war, und eines Tages (für die Pilgerprofis: Es war in O'Cebreiro) haben wir darüber gesprochen und zugegeben, dass wir beide so empfinden. Die Mitpilgerin wohnte damals in Berlin und ich hatte ja erst ein paar Dinge zu Hause zu erledigen. Daher entschieden wir, dass ich erst meine „Hausaufgaben" zu erledigen hatte, um überhaupt zu sehen, ob es was Ernstes werden könnte. So haben wir uns am Ende der Pilgerreise auch schweren Herzens getrennt.

Schon bei der Heimfahrt habe ich meiner Frau erzählt, dass wir uns trennen müssten. Sie hatte schon damit gerechnet und zehn Tage später bin ich in eine möblierte Wohnung nahe Erlangen gezogen. Das Trennungsjahr begann und wir haben uns ohne Streit und partnerschaftlich voneinander scheiden lassen.

Und die Mitpilgerin? Sie ist mittlerweile meine zweite Frau, wir haben ein Haus zusammen gebaut, einen Baum gepflanzt und eine kleine Tochter bekommen. Und das alles nur wegen Hape Kerkelings Buch. Ver-rückt, nicht wahr?

Womit wir auch wieder beim Thema dieses Buches sind. „Schuster, pfeif auf deine Leisten!". Wie viele Leute habe ich seitdem getroffen, die mir sagen: „Ich würde ja auch gerne Mal den Weg laufen, aber ..." Oder auch: „Wie kann man nur so lange Urlaub nehmen" oder „das ist doch keine Erholung" usw. Fast seinen kompletten Jahresurlaub zu nehmen, nur um 650 Kilometer zu laufen, das passt nicht so recht in die Norm von unserer urlaubsbegeisterten Nation. Und viele schieben Ausreden vor, um dem „Ich mache!" das „Ich würde ja gerne" vorzuschieben. Sie glauben gar nicht, wie viele Menschen mich krumm anschauten, als ich erzählte, dass ich den Jakobsweg laufen wollte. Wie viele schauen mich auch heute noch komisch an, wenn ich erzähle, dass ich ihn gelaufen bin. Von Bewunderung über höhnische Verachtung habe ich bis heute jede Reaktion erfahren.

Ich kann nur sagen, dass die vier Wochen auf dem Jakobsweg in meinem bisherigen Leben mit die wertvollste und erfüllteste Erfahrung war, die ich je erleben durfte. Mit allen Höhen und Tiefen, die ich vor, während und nach dem Jakobsweg hatte.

! Jetzt kommt ein Werbeblock: Wenn Sie die ganze Geschichte meines Weges interessiert,
● dann schreiben Sie mir unter info@stephanschmitt.com eine Mail. Ich habe einen multimedialen Vortrag, den ich mit wichtigen Erfolgsgesetzen garniert habe. Ich verspreche schon heute, einen kurzweiligen Vortrag, der zu jeder Branche passt!

Dankbarkeit

Als ich die Zeilen des Jakobsweges geschrieben habe, spürte ich wieder dieses warme Gefühl der Dankbarkeit. Ich wünsche Ihnen sehr, dass Sie verstehen, was ich meine. Ich bin generell ein sehr dankbarer Mensch. Dankbar für das, was ich erreicht habe im Leben, dankbar für den Wohlstand, den wir hier in Deutschland haben dürfen. Und damit meine ich nicht den finanziellen Reichtum, sondern z. B. das saubere Wasser, das zu jeder Zeit aus unserem Wasserhahn kommt. Ich meine die Heizung, die jeden Winter unsere Wohnungen wärmt, und den Supermarkt, der um die Ecke liegt und manchmal so eine große Auswahl hat, dass wir nicht entscheiden können, was wir heute essen sollen. Dankbar bin ich aber auch für meine Freunde und alles Immaterielle; für jedes einzelne Buch, das ich gelesen habe, für jede einzelne Erinnerung, die ich habe, und natürlich für meine Frau und unsere kleine Tochter.

Mir fällt dennoch auf, dass wir scheinbar in einer undankbaren Gesellschaft leben. Ich verstehe z. B. nicht, wie man gedankenlos seinen Müll aus dem Auto werfen kann, irgendwelche Kriegsspiele am PC spielt oder generell nicht zu schätzen weiß, in welcher Zeit und in welchem Wohlstand wir leben dürfen. Wir streben ständig nach mehr. Höher, schneller, weiter ist eines der Mottos unserer Zeit. Doch wo soll das noch hinführen? Sind wir nicht jetzt schon am Limit?

Als ich vom Jakobsweg zurückkam, habe ich viele Dinge, die ich früher für unverzichtbar gehalten hätte, einfach bei meiner Exfrau zurückgelassen. Ich hatte in den vier Wochen des Weges ja gelernt, dass es reicht, wenn man mit elf Kilo unterwegs ist. Handy, Internet und Fernsehen habe ich absolut nicht vermisst. Wie viel einfacher, stressfreier und somit auch gehaltvoller waren diese vier Wochen. Wir klammern uns fest an materielle Güter. Alle zwei Jahre muss es wieder ein neuer Fernseher sein – das Fernsehprogramm wird dadurch nicht besser. Alle paar Jahre muss es noch ein schnelleres Auto sein – der Verkehr auf den Straßen wird davon nicht weniger. Und mindestens einmal im Leben muss es eine teure Luxusuhr sein – doch haben wir dadurch mehr Zeit? Ich könnte noch endlos weitere Beispiele aufführen. Ich gebe zu, dass auch ich hin und wieder mal in so einen Strudel gerate, aber erinnern Sie sich an die Frage: „Muss das wirklich jetzt sofort sein?" Ich habe seit mittlerweile drei Jahren das gleiche Handy und werde dafür belächelt. Es funktioniert aber noch, und da ich mit meinem Vertrag kein neues Handy subventionieren muss, habe ich in meinem Bekanntenkreis, trotz Geschäft, die niedrigsten monatlichen Handygebühren. Und dafür bin ich dankbar. Ich habe meine Laptops im Schnitt auch immer 4–5 Jahre, und das, obwohl ich sie täglich fürs Geschäft brauche, aber es reicht mir absolut aus.

Dankbarkeit verwechsle ich aber nicht mit Zufriedenheit. Zufriedenheit ist ein fieser Gegner, der uns stagnieren lässt. Ich bin dankbar für alles, was ich habe, aber dennoch bin ich in manchen Dingen noch nicht ganz zufrieden. Meine große Vision habe ich zum Beispiel noch nicht annähernd erreicht. Darüber bin ich unzufrieden. Ich bin aber im selben Atemzug auch wieder dankbar, dass ich diese Vision habe und daran arbeiten darf, sie wahr werden zu lassen. Ich bin auch unzufrieden, dass ich noch nicht alle Bücher gelesen habe, die auf meiner Liste stehen, bin aber gleichzeitig auch dankbar, wenn ich in meinen Bücherregalen sehe, wie viele Zigtausend Seiten ich schon gelesen habe. Ich bin auch manchmal über meine Trainingsleistung unzufrieden, bin aber dennoch dankbar, dass ich diesen großartigen Beruf ausüben darf. Verstehen Sie, was ich meine? Erkennen Sie die Unterschiede und verstehen Sie, warum ich vorhin geschrieben habe, dass die Zufriedenheit ein großer Gegner sein kann, der uns manchmal lähmt?

! Ganz wichtige Aufgabe: Notieren Sie sich mindestens 100 Punkte (ja, Sie haben richtig gelesen – 100 Punkte), wofür Sie jetzt dankbar sein können!

Arbeiten Sie anschließend heraus, in welchen Bereichen Sie noch unzufrieden sind und was Sie jetzt und heute dagegen unternehmen können. Lesen Sie bitte nicht eher weiter!

Familie und Freunde

Haben Sie die letzte Aufgabe auch wirklich bearbeitet? Wenn ja, dann dürfen Sie gerne weiterlesen, wenn nein, bitte blättern Sie noch mal zurück, nehmen sich Stift und Papier und tun Sie es!

Ich bin mir bewusst, dass nun ein Kapitel kommt, das es in sich hat. Bitte lesen Sie es erst mal durch, machen Sie sich Gedanken darüber und entscheiden Sie dann, ob Sie mich dafür kritisieren wollen oder ich zumindest ein bisschen recht haben könnte. Lassen Sie uns aber zunächst mal ganz harmlos beginnen:

Einer der zentralen Tankstellen, wenn nicht die Kraftstation überhaupt, ist die Familie. Wie wollen Sie auf Dauer Höchstleistung bringen, wenn zu Hause der Haussegen schief hängt? Sie wissen ja bereits, dass ich bereits eine gescheiterte Ehe hinter mir habe und wie viel Kraft mich diese Situation kostete. Wenn Sie Ihre Batterien zu Hause nicht aufladen können, wo denn dann? Doch zu einer Partnerschaft gehören auch immer mindestens zwei Partner, d. h., Sie sollten nicht immer nur nehmen, sondern auch ab und an mal geben. Ich bin in meinem Beruf sehr viel unterwegs und brauche die Zeit mit der Familie als Phasen, in denen ich zur Ruhe kommen und Kräfte für die folgenden Vorträge und Trainings sammeln kann, um letztlich auch weiter kreativ zu bleiben. Muss ich mich allerdings im Privaten um Konflikte und Streitigkeiten kümmern, dann fehlt mir diese Zeit und Kraft ja für mein Kerngeschäft. Einige meiner Freunde verstehen zum

Beispiel nicht, dass ich am Wochenende einfach mal Ruhe brauche, um mich wieder zu sammeln, und nicht mit ihnen um die Häuser ziehen kann. Manchmal distanziere ich mich wirklich sehr von ihnen, meine das aber durchaus nicht böse. So manch einer versteht das nicht oder nur schwer und von den „Extremfällen" habe ich mich im Laufe der Zeit sogar getrennt. Fragen Sie sich doch einfach, welche Ihrer Freundschaften Ihnen Energien bringt und welche Ihrer Freundschaften Ihnen Energien kostet. Trennen Sie sich von den letzteren. Hier bin ich mittlerweile sehr radikal, und ich weiß, der/die eine oder andere wird jetzt sicher mit dem Kopf schütteln. Doch nun sind wir wieder bei Ihrem Traum und Ihrem Ziel. Wie oft musste ich erleben, dass ich meinen angeblich besten Freunden von meinen Visionen erzählt habe und diese nur Gelächter für mich übrig hatten. „Jetzt spinnt er wieder", habe ich allzu oft gehört. Das hat mich oftmals tief getroffen – denn sind Freunde nicht dazu da, uns zu unterstützen, uns zur Seite zu stehen und uns ernst zu nehmen, in dem, was wir sagen oder tun? Mich hat das enorm viel Kraft gekostet, und irgendwann habe ich gemerkt, dass ich schon selbst nicht mehr an meine Ziele glaubte, da ich ja auch nicht mehr davon gesprochen habe. Als ich dies erkannte, habe ich ziemlich schnell die Entscheidung getroffen, mich von einigen meiner damaligen Freunde zu trennen. Es war im Nachhinein gesehen für beide Seiten besser so. Ich selbst habe nur ein paar wenige Freunde, die mir aber verzeihen, wenn sie mich mal ein paar Monate nicht sehen, dann aber dafür umso herzlicher, und wir auch über Ziele sprechen können. Sie honorieren eben, was ich tue, und haben dafür Verständnis.

Meine Frau hat allerdings gerne Leute um sich herum und zu Beginn unserer Ehe hat sie immer einen Blick in meinen Terminkalender geworfen und meine Wochenenden verplant. Ich war also in der Regel von Montag bis Freitag im Training, im „schlimmsten" Fall nur im Hotel unterwegs, bin am Freitag spät abends nach Hause gekommen und durfte dann am Samstag auf eine Feier bei Freunden oder unsere eigene Wohnung saß voll. Am Sonntag habe ich dann mein Büro auf Vordermann gebracht, um am Sonntagabend schon wieder die Koffer zu packen und zum nächsten Hotel zu fahren. Im Jahr 2012 habe ich das tatsächlich acht Wochen am Stück durchgehalten. Können Sie sich vorstellen, wie man sich nach acht Wochen fühlt ohne einen Tag Pause? Wir sind dann in den Urlaub geflogen und ich habe die ersten zwei Tage erst mal nur geschlafen. Toller Start in die angeblich schönste Zeit des Jahres.

Mittlerweile haben wir dies anders geregelt, und meine Frau bekommt eine Auswahl an Wochenenden, an denen Sie mich verplanen kann. Diese Wochenenden versuche ich so einzurichten, dass ich davor und danach sehr wenige Aufträge habe, damit ich die Zeit dann auch genießen kann. Es bringt uns beiden ja nichts, wenn wir uns durch so ein Wochenende durchquälen. Auch dieser Schritt klingt für den einen oder anderen mit Sicherheit drastisch, aber bitte stellen Sie sich erneut die Frage: Was bringt Ihnen mehr? Die Geburtstagsfeier von Großtante Erna oder ein Vormittag am Schreibtisch, bei dem Sie evtl. neue Ideen für Ihren persönlichen Erfolg entwickeln können?

Was für Sie und Ihr Leben wichtig ist, können nur Sie alleine entscheiden, aber ich muss nicht mehr auf jeder Feier oder Veranstaltung sein. Für mich ist es besser, manchmal nur ein Buch zu lesen, um vielleicht wieder neue Inspirationen zu erhalten. Jemand anderes braucht aber genau diese Feiern, um sich dort aufzuladen. Eine sehr „harte" Frage, die ich mir und meiner Frau manchmal stelle, ist: „Bringt mich das jetzt weiter?" Natürlich kann man auch hier nicht immer alles aufwiegen, aber manchmal muss man eben auch „Nein" sagen, um für sein eigenes Wohlgefühl zu sorgen. Es geht in Ihrem Leben nur um Sie selbst. Sie müssen keinem anderen wirklich Rechenschaft ablegen. Wenn Sie sich mit irgendetwas nicht gut fühlen, dann lassen Sie es. Lösen Sie sich von den Marionettensträngen, die man Ihnen angelegt hat. Befreien Sie sich von den aufgesetzten Zwängen und Verpflichtungen. Sie werden merken: Es geht auch ohne Sie und die wirklich wichtigen Personen in Ihrem Leben werden diese Entscheidungen akzeptieren. Und gibt es was Schöneres, als ein ganz inniges Wochenende nur mit der eigenen Familie verbringen zu können?

! Trennen Sie sich von Zeitdieben und fragen
Sie sich: Wo tun Sie noch Dinge, die Ihnen
● schwerfallen? Wo besuchen Sie noch Feiern
oder Veranstaltungen, die Ihnen nicht guttun

und bei denen Sie genau wissen, dass Sie am nächsten Tag wie gerädert sind? Treffen Sie Ihre eigenen Entscheidungen, wie Sie zukünftig damit umgehen werden. Glauben Sie mir, das Leben wird leichter, je weniger Verpflichtungen Sie eingehen.

Erfolg

Ich habe in den vorangegangenen Kapiteln schon des Unteren von Erfolg gesprochen. Wie definiere ich Erfolg? Nun, das ist im Grunde genommen absolut unwichtig, denn jeder muss das Wort Erfolg und dessen Bedeutung für sich selbst definieren. Für den einen heißt, erfolgreich zu sein, eine Jacht in Monte Carlo zu besitzen und Millionen auf dem Konto, für den Nächsten ist Erfolg, Abteilungsleiter in seiner Firma zu werden, und für manche bedeutet Erfolg schlichtweg, eine gesunde Familie mit gesunden Kindern zu haben. Der Spruch „Jeder ist seines eignen Glückes Schmied" stimmt hier zu 100 %. Die Masse und die Medien wollen uns aber vorgaukeln, dass Erfolg unbedingt etwas mit Karriere, mit Geld oder materiellen Dingen zu tun haben muss. Vielleicht erinnern Sie sich noch an den Werbespot: „Mein Auto, mein Haus, mein Boot!" Vergessen Sie das bitte ganz schnell und steigen Sie aus diesem System aus. Sie selbst entscheiden ab sofort, was Erfolg für Sie bedeutet. Und dazu sollten Sie auf Ihre innere Stimme und Ihre Gefühle hören. Wann fühlen Sie sich denn rundum zufrieden, glücklich und wohl? Wenn Sie zusammen mit Ihrem Partner auf dem Sofa liegen, ein schönes Glas Rotwein trinken und ein gutes Buch lesen? Oder wenn sie vollständig in Ihrem Hobby aufgehen, beim Musizieren, Sporttreiben oder auch nur einfach beim Spazierengehen? Genießen Sie diese Erfolgsmomente. Das sind die wahren Dinge im Leben. Nicht nur die Arbeit, die oftmals eben auch Misserfolge mit sich bringt. Die meisten Menschen arbeiten ca. 40 Stunden die Woche und beeinflussen damit die restlichen 128 Stunden, die die Woche noch hat. Sie kommen mies gelaunt nach Hause, verbreiten schlechte Stimmung und nehmen oftmals zu allem Unglück die Probleme, die sie auf der Arbeit haben, noch mit in den Schlaf. Schlaflosigkeit, schlechte Träume und somit ständige Ermüdungserscheinungen sind die Folgen. Muss das sein? Warum geben wir dem zeittechnisch kleinsten Teil unserer Woche so viel Einfluss auf unsere anderen Lebensbereiche? Jetzt werden Sie antworten: „Ja, weil ich mein Geld damit verdienen muss!" Richtig und gleich wieder falsch! Laut der Gallup-Engagement-Studie vom Frühjahr 2013 sind 85 % aller Deutschen unzufrieden mit ihrer Arbeit – fast 25 % haben innerlich sogar schon gekündigt[1]! Warum ändern aber so wenige etwas daran? Warum stehen sie jeden Morgen wieder schlecht gelaunt auf und quälen sich in die Arbeit? Warum haben sie jeden Sonntag wieder die „Sonntagsnachmittagsdepression", weil sie wissen, dass jetzt wieder ein 5-Tages-Marathon beginnt? Warum nicht ausbrechen? Wer sagt uns denn, dass wir 45 Jahre für die gleiche Firma schaffen müssen? Wieder die Masse? Ist es normal, seinen Job zu wechseln? „Beiß dich doch durch!", „Das Leben ist kein Ponyhof", „Ich habe es auch bis zur Rente ausgehalten!" Das sind doch die Sprüche, die wir immer wieder zu

---

[1] http://www.gallup.com/strategicconsulting/160901/pressemitteilung-zum-gallup-engagement-index-2012.aspx

hören bekommen! Wachen Sie endlich auf! Es ist Ihr Leben! Und wenn Sie sich tatsächlich jeden Tag auf und durch Ihre Arbeit quälen, dann pfeifen Sie auf diese Sprüche und versuchen Sie mal, wieder Kind zu sein! Fantasieren Sie, staunen Sie und – das Wichtigste – träumen Sie mal wieder. Suchen Sie sich eine neue Tätigkeit, mit der es Ihnen besser geht. Bei der Sie wieder lachen können, Sie wieder begeistert sind! Wo Sie wieder Spaß haben, Sie wieder lebendig sind! Stehen Sie auf und tun Sie es! Wo auf dieser Welt gibt es bessere Chancen hierzu als bei uns? Seien Sie ein Vorbild für diese Welt. Tun Sie endlich das, was Sie schon immer tun wollten. Schauen Sie nicht nur auf das Geld und das Materielle. Hören Sie auf Ihr Herz und Ihren Bauch. Meistens kommt das Übrige dann von ganz alleine.

Und dann sind Sie erfolgreich. Für sich selbst. Erfolg ist ein Lebensgefühl, das nur Sie selbst fühlen können. Ich kenne sehr reiche Menschen, mit großen Firmen, Häusern und Autos, die laut Definition ja erfolgreich sein sollten. Doch einige dieser Menschen fühlen sich alles andere als reich und erfolgreich. Ja, sie sind eher traurig und niedergeschlagen, um nicht zu sagen depressiv. Und dann kenne ich Menschen, die kommen gerade so jeden Monat über die Runden. Haben aber immer ein Lächeln auf den Lippen, strotzen vor Kraft und kochen mit ihrer Energie förmlich über. Wenn Sie in deren Nähe sind, können Sie die Lebenskraft förmlich spüren. Per Definition erfolgreich? Eigentlich nicht. Aber wer von den beiden lebt denn nun ein erfolgreiches Leben?

Versuchen Sie bitte, sich immer unabhängiger von der Meinung anderer zu machen. Die Gesellschaft möchte Sie so haben, wie Sie sie eben haben möchte. Alle Querdenker werden sie erst mal belächelt und haben es schwer. Aus Ihrem gewohnten Trott auszusteigen fällt im ersten Moment sicherlich schwer, aber tun Sie es. Nicht für mich, nicht für irgendjemand anders. Tun Sie es für sich. Am Ende Ihres Lebens werden Sie sich selbst der härteste Richter sein. Wollen Sie dankbar auf Ihr Leben zurückblicken oder griesgrämig, weil Sie all die Dinge nicht getan haben, die Sie eigentlich hätten tun wollen?

! Fühlen Sie sich wohl mit dem, was Sie tun?
Wenn ja, Glückwunsch. Wenn nein, was wer-
● den Sie ändern? Ab wann wollen Sie für sich selbst erfolgreich sein?

Ausreden

Zunächst eine wahre Geschichte: Eine Bank buchte mich für ein Training, an dem die Wertpapierspezialisten des Hauses teilnehmen sollten. Ich habe ganz normal meine Einleitung mit den Erwartungshaltungen des Tages gemacht und mich anschließend selbst kurz vorgestellt. Während der ersten Kaffeepause kam ein Teilnehmer zu mir, mit dem ich folgenden Dialog führte:

Teilnehmer: „Ich finde es absolut bewundernswert, wie viele verschiedene Arbeitsstationen Sie in Ihrem Leben schon durchlaufen haben. Mein Traum war ja, dass ich nach der Lehre zu einem großen Sportartikelhersteller wechsle, aber nun bin ich doch hiergeblieben."

Da ich doch einen leichten Unterton von Unzufriedenheit heraushören konnte, fragte ich ihn Folgendes:

Ich: „Entschuldigen Sie die Frage, aber wie alt sind Sie denn momentan?"

Teilnehmer: „52."

Ich: „Das heißt, Sie haben noch 15 Jahre zu arbeiten, also doch noch eine gute Zeit. Wie hat denn die Sportfirma auf Ihre Bewerbung reagiert?"

Teilnehmer: „Auf welche Bewerbung?"

Ich: „Na ja, Sie würden doch gerne für diese Firma arbeiten wollen. Sie sagten ja, dass dies Ihr Traum ist. Also gehe ich davon aus, dass Sie sich schon beworben haben. Wie hat man also auf Ihre Bewerbung reagiert?"

Teilnehmer (mit vielen Fragezeichen in den Augen): „Ich habe mich doch gar nicht beworben. Als Quereinsteiger hat man doch sowieso keine Chance, außerdem sagt mir meine Frau ständig, dass ich doch schon einen vernünftigen Beruf hätte. Und wer nimmt mich denn in meinem Alter noch?"

Ich: „Wenn Sie Ihren Traum so leicht aufgeben, wie stark ist dann der Traum wirklich? Doch denken Sie daran: Sie haben noch 15 Jahre zu arbeiten, und es ist Ihre Entscheidung, wie Sie sich die nächsten 15 Jahre damit fühlen."

Darauf hat der Teilnehmer noch ungläubiger geschaut, den Kopf geschüttelt, verließ den Seminarraum und hat mich nicht mehr angesprochen. Ich gehe davon aus, dass er mit diesem Dialog so nicht gerechnet hätte. Ist ja auch verständlich, denn sein persönliches Umfeld traut ihm offensichtlich nicht zu, dass er sich nochmals verändern könnte. „Schuster, bleib bei deinen Leisten!" Jetzt bist du seit 35 Jahren in der Bank, warum noch mal wechseln? Die restliche Zeit bekommst du doch auch noch herum. Nur kein Risiko mehr eingehen. Und seine Frau scheint die Kritiker aus seinem Umfeld auch noch tatkräftig zu unterstützen, anstatt ihrem Schatz Mut zu machen und ihm zu empfehlen: „Komm, mein lieber Mann, wir schreiben jetzt mal eine Blindbewerbung und schauen, was passiert!".

Was soll schon groß passieren? Nichts. Im schlimmsten, ja im allerschlimmsten Fall bleibt alles so, wie es ist. Doch im besten Fall hätte er seinen Traum leben können. So hat er aber die Absage sicher, da er sich nicht einmal darum bemüht, die Chance aufs „Ja" zu ergreifen. Haben Sie bemerkt, wie viele Glaubenssätze dieser Seminarteilnehmer mittlerweile verinnerlicht hat? Als Quereinsteiger hat man keine Chance, ich habe doch einen vernünftigen Beruf, und immer wieder eines der Hauptausreden: Ich bin zu alt (oder zu jung). Diese Sätze bekommen wir so oft zu hören, bis wir sie schließlich selbst verinnerlicht haben. Und dann geben wir uns unserem Schicksal hin und wundern uns, warum wir keinen Spaß im Leben haben. Schade ist das.

Doch ab jetzt ist Schluss mit den Ausreden! Was Ihnen andere sagen und als vermeintlich gute Ratschläge mit auf den Weg geben wollen, zählt ab heute nicht mehr. Nehmen Sie als Beispiel meinen Vater. Mein Vater hat die ersten 56 Jahre seines Lebens keinen PC oder Laptop in der Hand gehabt. Mit 56 Jahren hat er sich aber dennoch entschieden, nochmals die Firma zu wechseln. In der alten Firma konnte er seine komplette Korrespondenz mit Stift und Papier erledigen. In der neuen Firma, so wusste er, würde er einen Laptop bekommen, der nun zu seinem Hauptarbeitswerkzeug werden sollte. Mein Vater hatte höchsten Respekt davor, aber hat den Schritt wirklich getan. Zu alt? Zu viel Angst? Zu eingefahren? Nein. Voller Stolz kann ich sagen, dass mein Vater richtig gehandelt hat. In einer Zeit, in der sich andere schon auf ihren Ruhestand vorbereiten, hat er noch mal das Zepter in die Hand genommen und die Dinge, die ihn bei seinem alten Arbeitgeber störten, geändert. Und er ist nicht nur mit fantastischen neuen Kollegen, die sich aufgrund seiner Erfahrung viele Tipps von ihm holen, belohnt worden, sondern auch mit einem Arbeitsklima, das er bis dahin noch nicht kannte. Er blühte förmlich nochmals richtig auf und wurde für seinen Mut belohnt.

Nochmals: Ab jetzt ist Schluss mit Ausreden. Hinter jeder Ausrede lauert die Angst. Doch genau da, wo die Angst ist, ist auch der Weg. Der Spruch ist abgedroschen und leicht daher gesagt. Aber Angst kann zweierlei Wirkungsweisen haben: Sie kann zum einen lähmen, zum anderen aber auch beflügeln. Nutzen Sie die Angst, um ins Tun zu kommen. Nutzen Sie die Energien, die in der Angst verborgen sind. Dazu zwei Beispiele:

1. Als ich in den Strukturvertrieb wechselte, wusste ich ja, dass mein Erspartes nur eine gewisse Zeitspanne reichen würde. Ich hatte Angst vor der 0 auf dem Konto. Was habe ich getan? Mir so schnell wie möglich Wissen und Erfahrungen im Verkauf angeeignet. Ich nutzte die Angst als Motivator, mich weiterzuentwickeln.

2. Als sich mein Vater für den neuen Arbeitgeber entschieden hat, war er jeden Abend mit meiner Mutter vor dem PC gesessen und hat sich so auf seinen ersten Dienst-Laptop vorbereitet. Ich will gar

nicht wissen, mit wie viel Geduld ihm meine Mutter all die Befehle und Klicks erklären musste. Aber auch er hat die Angst in Energie umgewandelt, um etwas zu verändern.

! Schluss mit Ausreden! An welche scheinbaren Glaubenssätze glauben Sie? Wo haben Sie **●** Ihre Ängste schon mal in Energie umwandeln können, um wieder Neues zu lernen? Wovor haben Sie im Moment am meisten Angst? Welcher Lernprozess könnte dahinterstecken? Wie gehen Sie zukünftig mit Ausreden um?

Glaubenssätze

Im vorherigen Kapitel habe ich immer wieder von Glaubenssätzen gesprochen. Dieses Thema ist mir sehr wichtig, und so ist es an der Zeit, nachzufragen, woher solch ein Glaubenssatz kommt und wie wir zukünftig damit umgehen können. Ein Glaubenssatz ist übrigens nichts Negatives. Lassen Sie uns versuchen, Ihre Glaubenssätze so neutral wie möglich zu betrachten.

Beginnen wir zunächst mit einer Übung. Blättern Sie in Ihren Ausarbeitungen bitte zurück und lesen Sie Ihre Träume durch. Dann versuchen Sie sich vorzustellen, wie sich der Traum anfühlt. Versetzen Sie sich bitte in die Situation, als wäre Ihr Traum schon wahr geworden. Wenn Sie z. B. als Traum einen wunderschönen Urlaub auf den Seychellen haben, dann stellen Sie sich vor, wie Sie am Strand spazieren gehen, die Wellen hören, das Wasser und den Sand spüren. Wenn Sie als Traum Ihr eigenes Haus haben, dann stellen Sie sich vor, wie Sie bereits darin wohnen, durch die Zimmer gehen, vielleicht den Kamin anmachen und in der Küche zusammen mit Ihrem Partner kochen. Wenn Ihr Traum ein Luxusschlitten auf vier Rädern ist, dann stellen Sie sich vor, wie Sie ihn fahren, wie er sich anfühlt, wie er klingt und beschleunigt. Ich denke, Sie wissen nun, wie die Übung funktioniert. Nehmen Sie sich dafür mindestens fünf Minuten Zeit. Bei den ersten Malen wird es Ihnen schwerfallen, aber ich verspreche Ihnen, je öfter Sie diese Übung machen, desto leichter werden Sie Ihren Traum zum Leben erwecken. Schmücken Sie Ihren Traum dabei so detailliert wie möglich aus und benutzen alle Ihre Sinneskanäle.

In welcher Situation ist es Ihnen schwergefallen, sich in den Traum hineinzuversetzen? Was ging Ihnen dabei durch den Kopf? Was haben Ihre inneren Stimmen gesagt? Hören Sie genau hin, ich bin fast sicher, sie werden sich melden. Hören Sie vielleicht die folgenden Sätze:

- „Das schaffst du nie!"
- „Das brauchst du doch gar nicht, du lebst doch gut genug!"
- „Was werden denn die anderen sagen?"
- „Du bist zu klein, zu jung, zu alt!"
- „Das funktioniert eh nicht!"
- „Mach lieber weiter deine Arbeit, dann brauchst du dich auch nicht zu verändern."

Welchen Satz haben Sie gehört? War vielleicht ein anderer Satz dabei? Wie fühlen Sie sich jetzt? Keine Angst, Glaubenssätze sind dazu da, um an ihnen zu wachsen. Ich werde Ihnen später noch eine Technik zeigen, wie Sie Ihre Glaubenssätze „umpolen" können. Zunächst schauen wir uns aber an, wo unsere scheinbaren Überzeugungen herkommen. Sie sind zum Teil schließlich mitverantwortlich für unser Weltbild.

Schreiben Sie aber bitte zunächst Ihren Satz/Ihre Sätze auf, wir werden darauf zurückkommen.

Woher kommen also diese Glaubenssätze? Laut einer Studie der Harvard-Universität bekommt ein Mensch, bis er 18 Jahre alt wird, im Schnitt 180.000 negative Suggestionen, d. h. also, knapp

30 Mal am Tag hören wir im zarten Teeniealter, dass aus uns eh nie was wird, dass wir zu klein oder zu jung sind oder wir bloß nicht auffallen sollen! Ich will hier niemandem einen Vorwurf machen, doch die Masse ist eben überwiegend negativ gestimmt. Wir leben zwar in einer der höchstentwickelten Gesellschaften, dennoch sind wir eines der unzufriedensten, unglücklichsten Länder. Es gehört sich eben, lieber zu jammern, anstatt laut positiv zu denken oder gar über seine Ziele und Träume zu sprechen. Es ist normal, immer das Haar in der Suppe zu suchen, und es passt noch nicht in unser Weltbild, wenn jemand optimistisch in die Zukunft schaut und an seinen Visionen arbeitet. Diese Personen gelten als unnormal, als Spinner, als Verrückte. Ist es nicht an der Zeit, dass wir mehr Verrückte werden? Wie viel glücklicher könnte eine Welt sein, in der jeder über seine Ziele sprechen könnte, ohne ausgelacht zu werden? Wie viel glücklicher könnten wir alle sein, wenn wir uns ernsthaft gegenseitig bei der Erreichung unserer Ziele unterstützen würden, anstatt neidvoll auf Erfolge unserer Mitmenschen zu schielen? Wäre das nicht eine tolle Vorstellung? Verrückt? Vielleicht im Moment noch! Doch im Jahr 1995 hat auch noch keiner daran geglaubt, dass gerade mal zehn Jahre später fast jeder eine eigene E-Mail-Adresse haben würde und die Mails an fast jedem Ort der Welt mit seinem Handy abrufen kann. Ich glaube an meine Vision von dieser besseren Welt. Ob es noch zehn Jahre, 20 Jahre oder gar 50 Jahre dauern wird. Doch irgendwann, wird sich der Mensch wieder auf sich und seine Ziele konzent-

rieren und nicht mehr dem nacheifern, was ihm von den Medien und hoch bezahlten Marketingstrategien vorgegaukelt wird. Ich glaube daran, dass wir bald wieder unsere Ziele und unseren Lebenssinn erkennen werden. Wir steuern auf das Bewusstseinszeitalter zu, und es kommt die Zeit, in der die Ver-rückten das Ruder übernehmen, um wieder zu beginnen, ihr Leben zu leben. Auch auf Firmen wird dann eine ganz große Herausforderung zukommen, denn zukünftig werden sich nicht mehr die Firmen ihre Mitarbeiter aussuchen, sondern die Mitarbeiter werden sorgfältig auswählen, bei und mit welcher Firma sie ihre Selbstverwirklichung am besten erreichen können. Dieses Zeitalter ist bereits angebrochen, und erste Anzeichen zeigen, dass wir auf dem richtigen Weg sind. Die Welt gehört den Ver-rückten!

Übrigens: 99 % aller Glaubenssätze, die ich in meinen Coaching-Sitzungen bisher zusammen mit meinen Coachees an die Oberfläche gebracht habe, haben eine scheinbar negative Ausprägung. Kaum jemand hat die Prägung „Ich schaffe alles, was ich mir vornehme!" oder „Ich bin ein Glückskind!". Dennoch gilt es, eben diese Prägungen genau zu hinterfragen und herauszuarbeiten, welche Lernprozesse und Erfahrungen Sie aufgrund dieser Glaubenssätze machen durften. Aus meiner Erfahrung heraus kann ich sagen, dass jede scheinbar noch so negative Prägung auch etwas Gutes beinhaltet und uns weitergebracht hat oder weiterbringen kann. Und so versuche ich in meinen Coaching-Sitzungen, immer wieder die Prägungen umzupolen und ins Positive zu drehen.

Wie schaffen Sie es also, diese Prägungen, die uns unser Umfeld einsuggeriert hat, abzuschwächen? Anhand eines Beispiels zeige ich Ihnen, was Sie bitte den nächsten Monat tun sollten. Nehmen wir den Glaubenssatz „Ich schaffe es nicht". In diesem Fall suchen Sie sich bitte jeden Abend (oder auch jeden Morgen) drei Situationen, in denen Sie die letzten 24 Stunden etwas geschafft haben. Das brauchen keine großartigen Erfolge sein, es genügt schon, wenn Sie es z. B. geschafft haben, Ihre Post-/E-Mail- oder Wäscheberge abzuarbeiten oder auch mehr Zeit mit der Familie verbringen zu können. Bitte schreiben Sie sich jeden Tag mindestens drei dieser Erfolgserlebnisse in ein Erfolgsjournal. Und dies mindestens einen Monat lang. Denn auch unser Gehirn arbeitet wie ein Muskel und braucht eben mindestens einen Monat, um sich einen neuen, positiv formulierten Satz einzuprägen.

! Welche Glaubenssätze haben Sie für sich notiert? Was konnten Sie in der Vergangenheit aus diesen Glaubenssätzen alles lernen und für Erfahrungen entwickeln? Legen Sie sich ein Erfolgsjournal an und notieren Sie einen Monat lang jeden Tag drei Erfolgserlebnisse.

Raus aus dem Abwärtssog

Im Jahr 2003 hatte ich finanziell mein schwerstes Jahr zu bewältigen (siehe Kapitel „Der erste Wechsel"). Auf Misserfolg folgte Misserfolg, und fast jeder Interessent, den ich damals besuchte, hatte alles anderem im Sinn, außer mit mir Geschäfte zu machen. Ich war am Verzweifeln und allmählich machte sich in mir das Gefühl „Es hat doch eh alles keinen Sinn" breit. Ich unternahm kaum noch Aktivitäten, um wieder Erfolg zu haben. Ich saß in meinem Büro, konnte mich kaum mehr dazu motivieren, irgendwelche Anrufe zu tätigen, und sogar die einfachsten Arbeiten schob ich endlos vor mir her und brauchte eine halbe Ewigkeit für die Erledigung. So türmten sich immer mehr ungelöste Arbeiten auf meinem Schreibtisch und meine Motivation sank noch mehr. Ich redete mir ein, dass ich unendlich viel zu tun und so keine Zeit für die Akquise hätte. Obwohl ich effektiv kaum etwas leistete, war ich jeden Abend fix und fertig und völlig erschöpft. Ich war im Abwärtssog. Die Spirale der Demotivation hatte mich erfasst und zog mich immer weiter nach unten. Und interessanterweise habe ich zu jener Zeit auch nur Menschen getroffen, denen es genauso schlecht oder sogar noch schlechter ging als mir selbst. Traf ich jemanden, dem es tatsächlich schlechter ging, fühlte ich mich zumindest einen Moment besser. Ich driftete völlig ab und habe meine Stärken und Talente völlig aus den Augen verloren. Alles, was ich begann, endete im Chaos oder Misserfolg. Anstatt mich auf mein Kerngeschäft zu konzentrieren, entdeckte ich immer wieder neue Tätigkeiten, die mich ablenkten und mich glauben ließen, dass es bald schon wieder laufen würde. Nach neun Monaten war ich völlig am Boden und das Aufstehen am Morgen fiel mir ständig schwerer. Ich verkroch mich in mein Schneckenhaus und ließ nichts und niemanden mehr an mich heran.

Eines Tages telefonierte ich mit meinem damaligen Coach. Nach ein paar Minuten hatte er mich durchschaut und stellte mir einige ziemlich unangenehme Fragen. Ich kann mich nicht mehr genau an die Fragenabfolge erinnern, aber am Ende des Telefonates sind mir die Tränen über die Wangen gelaufen, denn ich wusste nun, dass ich in der „Versagensspirale" gefangen war. Mein Coach hat mich auf einen meiner innersten Glaubenssätze gestoßen. „Ich habe kein Recht auf Erfolg – ich bin ein Versager!" Das war in dem Moment eine harte Erkenntnis. Mein Mentor gab mir eine Reihe von Hausaufgaben. Eine davon war zu prüfen, ob ich aufgrund dieses Glaubenssatzes auch schon positive Eigenschaften und Fähigkeiten entwickelte. Natürlich fragte ich mich: „Wo soll sich so eine Prägung schon positiv ausgeprägt haben?" Nach einigen Tagen harter Arbeit an mir selbst fand ich allerdings an die 100 Punkte, warum ich dieser Prägung dankbar sein konnte. Ich erkannte, was ich nur aufgrund dieser scheinbar negativen Einstellung für Talente und Fähigkeiten erworben hatte und welche Erfahrungen ich nur deswegen sammeln konnte. Dieser Moment war ein Wendepunkt in meinem Leben und wirkt heute nach über zehn Jahren immer noch nach. Ich erkannte, dass ich für meine Glaubenssätze dankbar sein durfte. Nur aufgrund dieser Ängste habe ich mich immer weiterentwickelt. Ich wollte ja, entgegen meinen Prägungen, Erfolg haben und eben kein Versager sein. Aber aus meinem Blickwinkel heraus konnte kein Erfolg groß genug sein, um das Gefühl des Versagens auf Seite zu schieben. Ich konnte tun und machen, was ich wollte. Einem konnte ich es nie recht machen: mir selbst. Nie war ein Resultat gut genug für mich. Hatte ich ein Ziel erreicht, konnte ich mich nicht wirklich freuen und strebte sofort weiter zum nächsten Ziel. Ich war wir der Hamster im Laufrad. Ab dem Moment der Erkenntnis war die Situation eine ganz andere. Ich gebe zu, dass ich auch heute ab und an noch Schwierigkeiten habe, meine erreichten Resultate wertzuschätzen, aber ich fühle mich zumindest nicht mehr wie ein Getriebener, der nicht akzeptieren und annehmen kann, was er schon alles geschafft und geschaffen hat. Ich betone nochmals: Nur Sie selbst entscheiden für sich, was für Sie persönlich Erfolg bedeutet. Sie können und dürfen sich mit niemand anderem messen, denn Sie wissen nicht, welche Muster eben diesen anderen antreiben. Und glauben Sie mir: Sie wollen es auch gar nicht wissen. Wenn Sie es wüssten, würde Ihnen so einiges schlagartig klar werden. Sie sind der wichtigste Mensch in Ihrem Leben und solche wie Sie sind absolut wertvoll. Sorgen Sie dafür, dass dies so bleibt!

Ich kroch nach dieser Erkenntnis relativ schnell aus meinem Schneckenhaus heraus und machte wieder die Dinge, die mich vor der Abwärtsspirale erfolgreich machten. Mein Blick war wieder auf das Positive gerichtet, und nach und nach verschwanden die Pessimisten in meinem Leben und ich traf Menschen, die eine optimistische Lebenseinstellung hatten. Nach kurzer Zeit ging mir mein Beruf wieder viel leichter von der Hand, und es dauert auch nicht lange, bis sich wieder tolle Erfolge einstellten. Das Jahr 2003 hakte ich als „Lehrjahr" ab und im Jahr 2004 konnte ich mein bis dahin bestes Jahr feiern.

! Lesen Sie sich nochmals Ihre Ausarbeitungen zum Kapitel „Glaubenssätze" durch. So wie **●** Sie sind, sind Sie absolut in Ordnung. Sie haben heute die Talente und Fähigkeiten, die Sie brauchen, um Ihre Ziele und Visionen zu erreichen. Schauen Sie ab jetzt nicht mehr auf andere und bleiben Sie bei sich.

Suchen Sie sich einen Mentor

Vielleicht fragen Sie sich gerade, wie Sie Ihren Glaubenssätzen nun auf die Schliche kommen können. Viele sitzen sehr tief, und oftmals braucht es einen Impuls von außen, um wieder eines dieser Muster an die Oberfläche zu bekommen. Ich habe durch die vielen Seminare, die ich bisher schon besuchte, viele Menschen getroffen, die mich ein Stück weit begleiteten. Mit vielen dieser Personen pflegte ich einen offenen Austausch und erzählte ihnen offen von meinen Problemen und (Kopf-) Blockaden. Oftmals stellten mir meine Begleiter scheinbar unfaire Fragen, die mein bisheriges Denken auf den Kopf stellten und meine Gedanken herumwirbelten. Zu Beginn schaltete ich immer auf den „Jetzt bin ich sauer"-Modus und distanzierte mich erst mal vom Fragesteller. Heute weiß ich, dass, wenn mich eine scheinbar simple Frage aus den Fugen hebt, eine riesige Entwicklungsmöglichkeit auf mich warten kann. Dieser Möglichkeit stelle ich mich gerne und vertiefe dann sogar oftmals noch das Gespräch.

Wenn Sie sich schneller als bisher weiterentwickeln möchten, dann suchen Sie sich einen Mentor, Coach oder einfach jemanden, der vielleicht schon da ist, wo Sie beruflich, privat oder auch materiell hinwollen. In fast allen Seminaren, die ich besuchte, hatte ich in den Pausen oftmals die Gelegenheit, den jeweiligen Referenten zumindest kurz zu sprechen. Ich bereite meine Fragen bereits im Vorfeld des Seminars vor und bekomme dann meistens eine Antwort, die mich weiterbringt. Persönliche Coachings sind natürlich die beste und effektivste Möglichkeit, Denkweisen zu verändern und neue Resultate zu bekommen. Da diese Coachings allerdings oftmals mit hohem Geld- und Zeiteinsatz verbunden sind, stellen für mich wöchentliche E-Mail-Coaching-Kurse eine klasse Möglichkeit dar, jede Woche an sich zu arbeiten. Sie sind nicht teuer, es gibt sie mittlerweile schon für nahezu alle Branchen, und ich kann selbst entscheiden, wann ich die Aufgaben abarbeite. Ich habe auch eine Reihe von Newsletters abonniert, die immer wieder Erfolgsimpulse liefern. Ich überfliege kurz die Mails und entscheide dann selbst, mit welchem Thema ich mich näher beschäftige oder ob ich den Newsletter gleich lösche. So habe ich schon viele Seminartipps bekommen und auch viele Bücher für mich entdeckt.

Übrigens: Auch auf den Motivationstag im Jahr 2009, als ich meine Vision das erste Mal so richtig tief gespürt habe, kam ich durch einen dieser E-Mail-Newsletter. Entscheiden Sie sich selektiv für einige, nicht für alle. Manche Newsletter habe ich auch wieder abbestellt, da mir der Informationsgehalt zu dünn war. Ich will mich ja auch nicht nur mit Lesen von Mails beschäftigen, sondern meine Fähigkeiten weiterentwickeln.

Ich wundere mich allerdings immer wieder darüber, wie viele Probleme wir Deutschen immer noch haben, Hilfe von außen zuzulassen. In Amerika hat – salopp gesprochen – jeder seinen Haus-und-Hof-Coach, um sich zu verbessern. Im Sport hat jede Mannschaft oder jeder Einzelsportler seinen Trainer und Coach. Viele besuchen von ihrem Arbeitgeber aus immer wieder Trainings oder bekommen sogar Coachings bezahlt. Warum haben wir dann ein so großes Problem damit, auch für uns selbst und unsere ureigene Weiterentwicklung einen Coach zu suchen und diesen auch zuzulassen? Viele Menschen sind unzufrieden mit ihrer momentanen Situation. Anstatt etwas zu verändern, beugen sie sich aber ihrer Unzufriedenheit und geben sich ihrem Schicksal erbarmungslos hin. Hilfe nehmen sie meist erst dann an, wenn es schon zu spät ist und der Arzt im schlimmsten Fall die Unterstützung in Form von Pillen oder Kuren verschreiben muss. Warum fordern wir aber diese Hilfe nicht auch an, wenn es uns gut geht? Und zwar von uns aus? Es gibt doch immer etwas zu verbessern. Wie heißt es so schön: „Wer aufgehört hat, besser zu werden, hat aufgehört, gut zu sein!" Früher ist man vielleicht ein Leben lang mit dem Schul- und Berufsschulwissen bzw. dem Studium durchgekommen. Heute ist die Zeit so schnelllebig und der Wert des Wissens verfällt so schnell, dass wir keine Wahl mehr haben. Um „am Markt zu bleiben", müssen wir uns weiterbilden und unseren Marktwert steigern. Sonst werden wir bald von einem Mitbewerber oder Kollegen überholt. Es gibt genügend Beispiele hierfür. Beobachten Sie nur mal die Marktführer in der Smartphone- bzw. Handybranche. Oder schauen Sie auf den Automobilmarkt. Wie schnell gerät man hier aufs sprichwörtliche Abstellgleis, wenn man nicht mehr die Anforderungen der Zeit erfüllen kann?

Ohne einen Mentor geht es also nicht mehr. Nur mit einem Lehrer an Ihrer Seite können Sie sich weiterentwickeln und ständig besser werden!

! • Wie schaut es bei Ihnen aus? Wer kommt für Sie als Coach und Mentor infrage? Wer in Ihrer Branche kann Ihnen weiterhelfen? Haben Sie schon Newsletter- oder Coaching-Kurse gebucht? Wenn nein, welche werden Sie ab heute abonnieren?

Der dritte Wechsel

Schon während meines Jakobsweges im Jahr 2010 stellte ich meine damalige Tätigkeit als Trainer und Coach für nur eine einzige Bank auf den Prüfstand. Ich fühlte mich zwar wohl in dem, was ich tat, aber trotzdem spürte ich eine kleine Unzufriedenheit. Ich konnte nicht zu 100 % das umsetzen, was ich mir vorgenommen hatte, und wenn, dann nicht in dem Tempo, das ich mir vorgestellt hatte. Zu vielen Menschen musste ich meine Ideen zunächst präsentieren, bevor ich sie überhaupt im Vertrieb anwenden durfte. Ich traf damals dennoch die Entscheidung, erst mal weiterzumachen. Doch schon im Frühjahr 2011 stellte ich mich diesen Gedanken erneut und erkannte nach und nach, dass ich die Bank verlassen musste, wenn ich mich weiterentwickeln wollte. Ich wurde immer unzufriedener und auch meine Partnerin merkte dies immer deutlicher und forderte eine Entscheidung von mir. Mittlerweile war ich zwar schon ausgebildeter Trainer und Coach und hatte einiges an Erfahrung vorzuweisen, aber würde ich dennoch als neuer Trainer am Markt bestehen können? Parallel zu dieser Entscheidung trafen wir im privaten Bereich den Entschluss, uns ein Haus zu bauen. Das war natürlich auch mit einigen Kosten verbunden, und ich wusste zum Zeitpunkt der Kreditunterzeichnung im August 2011 nicht, wie es mir als selbstständiger Trainer am freien Markt gehen würde. Jetzt saß ich also auf einem Berg voll Schulden und hatte die Entscheidung zu treffen, weiterhin als Trainer für die Bank tätig zu bleiben und meine Unzufriedenheit weiter zu steigern oder mich von den Verträgen zu lösen, um im umkämpften Trainermarkt Fuß zu fassen. Im Dezember 2011 traf ich die Entscheidung, die Bank zu verlassen. Ich hatte bis dahin keinen einzigen Trainingstag für das Jahr 2012 in meinem Kalender stehen. Ich wollte eigentlich einen gleitenden Übergang haben, d. h., ich hatte eigentlich eine Übergangsfrist von drei Monaten in meinen Verträgen stehen, aber als der Vorstand von meiner Kündigung Wind bekam, hat er mich mehr oder weniger gebeten, die Bank bereits zum 31.12.2011 zu verlassen. Mein Plan wäre allerdings der 31.03.2012 gewesen, was mir den Übergang etwas erleichtern sollte. Nun war schnelles Handeln gefragt. Ich schloss mich einem Trainernetzwerk an, für das ich auch prompt für den Januar 2012 schon Aufträge akquirieren konnte, und ein kleiner Zufall kam mir auch noch zu Hilfe. Die Fondsgesellschaft, die während der letzten viereinhalb Jahre mein zweiter Auftraggeber gewesen war, plante ab 2012 einen großen Förderpool, um Nachwuchsberater im Fondsgeschäft nach vorne zu bringen. Ich reichte meine Vorschläge ein und nach ein paar Treffen und Telefonaten erhielt ich für ganz Bayern den exklusiven Zuschlag als Trainer. Zunächst war von 40 Trainingstagen alleine im Jahr 2012 die Rede, doch die Trainings kamen so gut an, dass es letztlich über 70 Tage wurden. Ich durfte einmal mehr erkennen, dass den Mutigen offenbar wirklich die Welt gehört.

Blicke ich heute zurück, kann ich nur ungläubig den Kopf darüber schütteln, wie sich alles ergeben hat. Dennoch habe ich keine einzige Sekunde an meiner Entscheidung gezweifelt. Ich war mir so sicher, dass sich für mich irgendwelche neuen Türen auftun werden. Ich hatte so ein ruhiges Bauchgefühl und kaum Ängste, dass irgendetwas schiefgehen könnte. Über einen Plan B machte ich mir keinerlei Gedanken. Ich habe stets nach vorne geblickt. Wenn ich heute das Jahr 2012 Revue passieren lasse, habe ich sogar zu viel gearbeitet und dies im Herbst auch bereuen dürfen. Meine Energiereserven waren schlichtweg aufgebraucht, die Akkus leer. Eine simple Erkältung legte sich auf meine Stimmbänder, sodass ich nicht mehr sprechen konnte. Im nachfolgenden Kapitel „Die Kraft der Stille" erkläre ich, wie ich zukünftig damit umgehen werde.

Sie ahnen sicher schon, was ich im Dezember 2011 von meiner Familie, meinen Freunden und meinen Bekannten zu hören bekam, als ich ihnen die Entscheidung, mich als Trainer komplett selbstständig zu machen, mitteilte. Ich bekam die gleichen Reaktionen wie im Jahr 2001 bei meinem ersten Wechsel und im Jahr 2007 bei meinem zweiten Wechsel. Wieder absolutes Unverständnis. „Jetzt, wo es mir so gut gehe und mir die Arbeit so Spaß machen würde ..." – „Jetzt, wo ich so erfolgreich wäre ..." Auch oft gehört: „Nun, wo ich ein Haus finanzieren müsse ..." Und so weiter. Einmal mehr konnte ich nicht verstehen, was mein Umfeld von mir wollte. Wenn ich immer schon auf diese Kritiker gehört hätte, dann würde ich jetzt noch im Großraumbüro des Automobilzulieferers sitzen. Ich hätte all die schönen Erlebnisse und Erfahrungen nicht machen können und wäre ein „normaler" Mensch geblieben. So gelte ich aber ein bisschen als ein „Verrückter", ein abnormaler, der immer das tut, was ihm gerade Spaß macht. Und das trotzdem mit Kontinuität und einem klaren Ziel vor Augen. Ich bin gerne ein Spinner!

! In welchem Bereich gelten Sie als „Verrückter"? Kann es sein, dass hier Ihre wahren Begabungen und Talente liegen? Denken Sie darüber nach und notieren Sie sich Ihre Erkenntnisse.

Die Kraft der Stille

Im Jahr 2008 hatte ich den Drang, eine Reise nach Tibet zu unternehmen, um zum heiligen Berg Kailash zu pilgern. Fragen Sie mich bitte nicht, warum, aber immer wenn ich diesen Berg sehe, dann wirkt er für mich wie ein Magnet. Außerdem war mein Abenteuergeist geweckt, denn ich war noch nie höher als 3.000 Meter, und ich wollte wissen, was die Höhe mit mir macht. Außerdem bin ich gerne in den Bergen und malte mir den Himalaja in den schönsten Farben und Konturen aus. Ich entschied mich für einen Reiseveranstalter und buchte meine Reise. Kurz vor dem Trip brachen in Tibet allerdings sehr starke Unruhen aus, und es war nicht mehr möglich, nach Tibet einzureisen. Daher wurde meine Reise storniert. Ich wäre normalerweise am 12.05.2008 von Frankfurt nach Chengdu geflogen und ca. drei Stunden vor dem großen Erdbeben in der Region Sichuan angekommen. Das heißt, zum Zeitpunkt des Erdbebens wäre ich noch im Flughafen von Chengdu gewesen, den es während des Erdbebens völlig zerstört hatte, da das Epizentrum des Bebens nur 75 Kilometer von der Stadt entfernt lag. Es gab schätzungsweise 80.000 Tote, und mir steht heute noch die Gänsehaut auf, wenn ich an den Moment zurückdenke, an dem ich von dem Erdbeben erfuhr. Scheinbar gibt es da doch jemanden, der auf uns aufpasst.

Da ich nicht nach Tibet konnte, habe ich mich nach Alternativen umgesehen und zufällig eine Reportage über ein ZEN-Kloster gesehen. Dieses

ZEN-Kloster ist nur eine gute Autostunde von meinem Wohnort entfernt und ich blätterte neugierig das Programm durch. Ich entschied mich für einen einwöchigen Kontemplationskurs. Eine Woche durchgängiges Schweigen und 8 x 20 Minuten Sitzmeditation pro Tag. Nichts leichter als das – dachte ich zumindest. Bereits am ersten Abend bekamen wir ein großes Regelwerk vorgestellt. Was jeder Teilnehmer, wann und wie zu tun hätte. Ich runzelte schon die Stirn. Und als dann auch noch Tischregeln bekannt gegeben wurden, da war es mit meiner guten Laune endgültig vorbei. Ich rebellierte innerlich. So hatte ich mir das nicht vorgestellt und immer wenn ich im Außenhof, auf dem mein Auto parkte, vorbeiging, hatte ich die unendliche Sehnsucht, einfach nach Hause zu fahren. Ich hielt durch und war schon am zweiten Tag absolut entspannt. Ich erkannte, dass die Regeln absolut förderlich für meine konzentrierte Meditation waren. Ich bin relativ schnell bei mir angekommen und die Außenwelt interessierte mich nicht mehr. Jeden Tag war das gleiche Programm und man musste nicht mehr nachdenken. Es war alles so einfach und „lief" einfach.

Seitdem versuche ich jedes Jahr, diese Woche zu wiederholen. Die Zeit dort ist für mich absolute Regeneration. Nicht nur körperlich, sondern auch geistig. Mein Körper holt sich im Kloster immer den ganzen Schlaf, den er scheinbar über den Lauf eines Jahres nicht bekommt, und jeder kleinste Muskel meines Körpers versinkt mittlerweile in tiefste Müdigkeit, sobald ich das Kloster wieder betrete. Für mich ist die Stille auch eine Quelle von Ideen und neuer Kraft. Außerdem sagt mir meine Frau, dass ich nach einer Woche Kloster immer um einige Jahre jünger aussehen würde. Somit ist die Klosterwoche auch ein Jungbrunnen für mich. Ich versuche zwar, auch zu Hause Zeit für Meditation einzuplanen, aber ich bin ehrlich: Obwohl es mir guttun würde, bin ich hier noch zu inkonsequent. Dennoch arbeite ich am liebsten in der Stille. Ganz selten läuft bei mir Musik, während ich arbeite. Stille ist für mich ganz wichtig, und für mich ist es das Größte, auf unserer Terrasse zu sitzen und einfach dem Vogelgezwitscher zuzuhören. Deswegen bin ich auch kein Freund von Großstädten. Ich bekomme meist ein bedrückendes Gefühl, wenn ich auf den Einfahrtsstraßen von Großstädten unterwegs bin. Umso erfreulicher ist es, wenn ich die Stadt dann wieder verlassen kann.

Stille ist also für mich ein ganz wichtiger Teil des Lebens geworden. Ebenso wie das Bewegen in der Natur. Da ich ja sportlich nicht so versiert bin, versuche ich trotzdem, so oft und so lange es geht an der frischen Luft zu sein. Ich gehe liebend gerne schnellen Schrittes spazieren, und wenn ich mit meiner Frau durch die Natur ziehe, haben sich schon die tollsten Gespräch und Denkprozesse ergeben. Die Natur ist genauso wie die Stille eine tolle Quelle für neue Ideen. Wenn ich mal keine Einfälle oder eine Gedankenblockade habe, dann versuche ich, in die Natur zu gehen. Meistens kommen die Ideen wieder, wenn der Kopf mit Frischluft durchgespült wurde.

! Welche Kraftquellen haben Sie? Überlegen
Sie, was Ihnen guttun könnte. Vielleicht erle-
● ben Sie die Stille und die Natur ja auch als
neue Quellen?

Planen ohne Plan B

Gehen Sie mal bitte kurz in sich und überlegen Sie, wie Sie vorgehen, wenn Sie eine Veränderung planen oder eine Entscheidung in Ihrem Leben treffen. Sind Sie felsenfest davon überzeugt, dass Sie zum Ziel kommen, oder zweifeln Sie etwa, sodass Sie einen Plan B ausarbeiten?

Ich empfehle Ihnen, zukünftig ohne Plan B zu planen. Warum? Nun, sobald Sie eine Entscheidung für sich getroffen haben, setzt dies ja unendliche Energien in Ihnen frei. Sie gehen mit frischem Mut ans Werk und sind höchstwahrscheinlich motiviert bis unter die Haarspitzen. Zumindest so lange, bis sich der innere Schweinehund meldet und die ersten leisen Zweifel anmeldet. Aufgrund unserer Prägungen und unseres Umfelds beginnen wir dann meistens damit, einen Plan B auszuarbeiten. Und dies auch noch sehr sorgfältig! Was bedeutet dies aber für unser Unterbewusstsein? Wir gehen ja insgeheim schon davon aus, dass Plan A scheitern muss, denn sonst würden wir ja keinen Notfallplan erstellen. Glauben Sie doch an sich und Ihre Idee, Entscheidungen und Ziele. Gehen Sie mutig voran und lassen die Zweifel, Sorgen und Ängste verstummen. Im schlimmsten Fall sind diese so groß, dass Sie einen Notfallplan nach dem anderen ausarbeiten und am Ende gar nichts umsetzen. Immer wieder erlebe ich in meinen Coachings, dass meine Klienten fantastische Ideen haben, diese aber noch nicht mal begonnen haben, umzusetzen. Sie stehen sich mit allen

Eventualitäten, die auftreten könnten, selbst im Weg. Oftmals sind die verschiedenen Planungen zu einem Ziel nichts als Alibi-Tätigkeiten. Was wäre, wenn dies oder jenes passiert? Wie reagiere ich dann auf die eine oder andere Situation? Bis ins letzte Detail wird jede noch so unwahrscheinliche Fallstudie durchgeplant und hemmt uns oftmals vor dem Handeln selbst. Diese Planungen kosten uns Energie und führen uns oftmals zu dem Ergebnis, dass es doch eh keinen Sinn macht. Wir fühlen uns leer und plötzlich wieder energielos und warten immer weiter, statt einfach nur zu starten.

Die besten Ideen wurden einfach umgesetzt, ohne großartig Gedanken darüber zu verlieren, ob es klappt und was wäre, wenn. Sehen Sie diese Gedanken bitte ab heute als Energieräuber. Wenn Sie eine Idee oder ein Ziel haben – tun Sie's einfach. Wenn Sie nur fest daran glauben, was soll passieren?

! Arbeiten Sie gerne an Plan B? Warum ist dies so? Welche Entscheidung werden Sie ab heute treffen?

Raum für Spiritualität

Als ich im Jahr 2001 mein erstes Persönlichkeitsseminar besuchte und einige Teilnehmer von Intuition und Spiritualität erzählt haben, dachte ich mir, ich bin wohl im falschen Film. Das Seminar hat mich damals über 2.000 € gekostet und nun reden alle so „esoterisch daher". Bei einigen Lesern wird die Überschrift vielleicht ebenfalls ein ungutes Gefühl auslösen. Was will er denn jetzt mit so einem Thema? Was hat Spiritualität mit diesem Buch zu tun? Eine ganze Menge.

Doch lassen Sie mich das Wort zunächst definieren, damit wir eine Sprache sprechen. In der Wortherleitung kommt Spiritualität vom lateinischen „spiritus", was so viel wie Geist bedeutet. Oftmals wird der kirchlich-religiöse Geist damit gemeint, wovon ich mich in meiner Definition allerdings distanziere. Für mich bedeutet Spiritualität einfach die Frage nach dem Sein. Was ist also der Sinn und die Bedeutung meines Daseins? Was ist meine Aufgabe hier auf Erden? Für mich sind dies durchaus Fragen, die sich auch jemand stellen kann, der mit dem Begriff der Spiritualität nichts anfangen kann.

Wie bin ich an dieses Thema herangegangen? Lachen Sie jetzt bitte nicht, aber ich habe mir ein wissenschaftliches Fachbuch zu diesem Thema gekauft und gelesen. Ich habe nur Bahnhof verstanden und war, nachdem ich es gelesen hatte, noch verwirrter als vorher. Ich habe fortan zunächst akzeptiert, wenn meine Mitmenschen über dieses Thema sprachen. Ich war damals noch ein sehr faktenorientierter Mensch und akzeptierte nichts, wofür es keine Erklärungen gab. So konnte ich also auch die Spiritualität nicht so ohne Weiteres annehmen.

Im Laufe der Jahre entwickelte ich mich jedoch immer weiter, und dank meiner Allergie gegen Haselnuss- und Birkenpollen machte ich die erste Erfahrung, die ich mir nicht so richtig erklären konnte und mir half, das Thema „Geist" ein bisschen besser anzunehmen. Ich habe wegen meiner Allergie fast alle medizinischen Hilfsmittel in Anspruch genommen, inkl. der Hyposensibilisierung, um meine jedes Jahr im Frühjahr wiederkehrenden Leiden zu lindern. Leider ohne nennenswerte Erfolge. Die Hyposensibilisierung verschlimmerte die Allergie sogar noch, anstatt sie abzuschwächen. Ich war zu dieser Zeit relativ hilflos und war aber dennoch der Meinung, dass jede Allergie heilbar sein muss, selbst wenn die Schulmedizin etwas anderes behauptet. Ich suchte also weiter nach alternativen Heilmethoden und bin auf einen entfernten Bekannten gestoßen, der sich über viele Jahre hinweg selbst das Akupunktieren beibrachte. Er empfahl mir zehn Sitzungen im Frühjahr und ich ließ mich auf das Experiment ein. Es war das Frühjahr, in dem ich keinerlei Beschwerden hatte. Konnte ich es mir erklären? Nicht wirklich. Es war mir aber auch egal, es hat geholfen. Und so erkannte ich das erste Mal so richtig, dass es da was gibt, was ich mir nicht so richtig erklären konnte. Ich war fortan offener für diese Themen.

Das zweite Mal so richtig überrascht wurde ich, als ich eine Geistheilerin besuchte. Ich litt bis vor einigen Jahren immer wieder mal an Handgelenksproblemen. Ich hatte keine Schmerzen, war aber oftmals so kraftlos, dass ich in einigen Fällen nicht mal mehr einen Stift halten konnte. Die Schulmediziner attestierten mir eine Überbeanspruchung meiner Handgelenke. Als Grund hierfür nannten sie mir meine frühere Schlagzeugkarriere und empfahlen mir Handgelenksbandagen. Auch mit dieser Antwort gab ich mich nicht zufrieden und suchte nach Auswegen. Ich bekam eine Empfehlung zu einer Heilpraktikerin, die wohl auch auf der geistigen Ebene heilen könnte. Ich konnte mir rein gar nichts darunter vorstellen, aber da ich ja inzwischen offen für fast jedes Thema geworden war, ließ ich mir einen Termin bei ihr geben. Ich will nun nicht zu weit in die Tiefe gehen, aber seit ich nach dem Termin wieder nach Hause gefahren bin, habe ich keine Probleme mehr gehabt. Es hat sich einfach aufgelöst. Für mich damals unglaublich. Heute verstehe ich es schon besser ...

Und so könnte ich Ihnen noch viel mehr Beispiele nennen, z. B. aus der Astrologie, der Hypnose oder Rückführung. Ich bitte Sie einfach darum, dem Thema Spiritualität eine Chance zu lassen. Es gibt da etwas, was wir uns als Menschen nicht erklären können und eigentlich auch nicht zu erklären brauchen. Es ist einfach da und mit und in diesem Vertrauen lebt es sich meiner Meinung nach leichter.

Ich glaube heute, dass alles Spiritualität ist. Was ist der Sinn und die Bedeutung des Lebens? Um nichts anderes dreht sich doch unser Leben, und wir entscheiden mit unseren Entscheidungen des täglichen Lebens, in welcher Güte wir unser Leben leben. Die Qualität unserer getroffenen Entscheidungen bestimmt über die Qualität unseres Lebens.

! Wie denken Sie über dieses Kapitel?

Die Kraft der Bilder

Im letzten Kapitel haben wir über das Thema Geist und Spiritualität gesprochen. Lassen Sie uns nun darüber sprechen, wie wir unseren Geist richtig „füttern". Warum dies ganz wichtig ist, möchte ich Ihnen in zwei Beispielen schildern.

Auf einem meiner ersten Persönlichkeitsseminare, die ich besuchte, empfahl mir der Referent, eine Zielcollage zu basteln. Das heißt, zu allem, was ich im Laufe des nächsten Jahres erreichen wollte, sollte ich ein Bild finden und dieses Bild auf eine Unterlage kleben. Und zwar für alle meine Lebensbereiche. Bei meinen ersten Versuchen stand ich der Aufgabe noch relativ hilflos gegenüber. Für die materiellen Dinge wie Urlaub, damals noch Digitalkamera oder auch Auto war es ja kein Problem, aber versuchen Sie z. B. mal ein Bild für Harmonie zu finden. Die immateriellen Dinge bereiteten mir schon wesentlich mehr Kopfzerbrechen. Aber ich habe nach einiger Zeit wirklich eine tolle Collage erstellt, die ich über meinen Schreibtisch an die Wand hing, um meine Ziele immer im Blick zu haben. Auf dieser meiner ersten Collage war auch ein Bild von einer Incentive-Reise, die ich gewinnen wollte. Ziel dieser Reise war ein 10-tätiger Aufenthalt in einem Bungalowdorf am Neusiedler See. Jeder Gewinner durfte dort mit seiner Familie in einem komfortablen Bungalow nächtigen. Ich nahm ein Bild aus der Luftperspektive des Dorfes, dem Wellnessbereich und einem Schlafzimmerbild. Scheinbar wirkte die Collage, denn ich gewann den Wettbewerb und wurde zur Reise eingeladen. Als ich im Feriendorf ankam, entschuldigte sich die Mitarbeiterin an der Rezeption bei mir, da sie keinen Bungalow mehr freihätte. Daher hätten sie mich ins Hotel umgebucht, das sich ebenfalls auf der Anlage befand. Für mich war das kein Problem, denn so wartete jeden Tag ein fürstliches Frühstücksmenü auf mich (in einem Bungalow hätte ich es mir selbst zubereiten müssen) und auch der Wellnessbereich war gleich ums Eck. Ich genoss also meinen Aufenthalt in vollen Zügen. Wieder zu Hause blickte ich nach einiger Zeit auf meine Collage und stellte voller Verblüffung fest, dass ich genau das Hotelzimmer als Bild genommen hatte, in dem ich dann auch wirklich war. In diesem Moment hatte ich die Macht der Bildersprache das erste Mal so richtig gespürt. Aber noch verwunderlicher ist mein zweites Beispiel.

Auf eben diesem Seminar lernte ich auch, eine Visionscollage zu erstellen. Auch für diese Collage sollte ich zu jedem Ziel bzw. zu jeder Vision, die spätesten in zehn Jahren in meinem Leben eintreten sollte, ein Bild finden. Mit den materiellen Zielen hatte ich auch hier keine Probleme und eine meiner Visionen war u. a. ein Besuch bei Siegfried und Roy in Las Vegas. Tatsächlich stand ich auch schon vor dem Theater ihrer Show im Mirage, doch während meines viertägigem Aufenthaltes in Las Vegas waren damals alle Veranstaltungen ausgebucht. Alle anderen Visionen auf der Collage erfüllten sich zum größten Teil schon wesentlich eher als vor den geplanten zehn Jahren, einzig und allein Siegfried und Roy blieb offen. Und dann folgte im Jahr 2003 der schreckliche Unfall von Roy, und im Laufe seiner Genesung stand fest, dass die beiden wohl kein Comeback mehr starten würden. Ich hakte diese offene Vision ab. Bis zum Jahr 2013. In diesem Jahr nahm ich an einem intensiven Coaching-Programm teil. Mein Trainer ist mit den beiden Magiern befreundet und versucht nun, während ich diese Zeilen schreibe, ein Treffen mit den Teilnehmern des Programms und Siegfried und Roy in Las Vegas zu organisieren. Als ich die betreffende E-Mail gelesen habe, hatte ich glatt Gänsehaut. So wie es momentan ausschaut, wird das Treffen tatsächlich stattfinden. Meine letzte Vision würde sich somit also auch erfüllen.

Ich hoffe, ich konnte Ihnen anhand der beiden Beispiele verdeutlichen, wie wichtig die Bilder für Ihren Geist und natürlich auch Ihr Unterbewusstsein sind. Unser Geist kann nur in Bildern denken. Nicht umsonst heißt es ja im Volksmund: „Ein Bild sagt mehr als 1.000 Worte." Kinder sind wahre Bilddenker. Sie sind noch nicht „faktenversaut". Dies beginnt erst in der Schule. Wenn man da noch in Bildern denkt und auch so spricht, dann gilt man im schlimmsten Fall als Träumer oder Spinner, schlichtweg oftmals als leistungsschwach und unkonzentriert. Wir werden mit Fakten aufgefüllt und lernen nicht mehr, wie man Dinge einfach erklärt. Gerade in der Verkaufsbranche erlebe ich oftmals die haarsträubendsten Situationen. Würden Sie z. B. einem Autoverkäufer ein Auto abkaufen, der Ihnen zwar die Funktionsweise Ihres Traumwagens bis ins kleinste technische Detail schildern kann, aber Ihnen keine Probefahrt anbietet, damit Sie das Auto mal fahren, fühlen, riechen, spüren und mit allen anderen Sinnen wahrnehmen können? Ich könnte Ihnen unzählige Beispiele aufführen. Wir sollten wieder lernen, eine einfache, vielleicht sogar bildhafte Sprache zu benutzen. Vieles wäre schlagartig leichter und wir hätten sicherlich einige Missverständnisse weniger auf dieser Welt.

Doch wieder zurück zu den Bildern. Es gibt unzählige Bücher, die sich mittlerweile mit dem Thema „Die Materie folgt dem Geist" oder ähnlichen Themen auseinandersetzen, wichtig für Sie ist nur, dass Sie an die Macht der Bilder glauben. Und zwar in Ihrem tiefsten Innersten. Jede noch so kleine Idee wurde zuerst einmal im Kopf gedacht. Dann entstand ein Bild und dann ging es in die Planungs- und Konzeptionsphase. Das Automobil ist so entstanden, der erste Mensch wurde nur anhand einer Vision auf den Mond gebracht, und einer ganz großen Vision können Sie dankbar sein, dass Sie mittlerweile in fast jedem Winkel der Erde mit einem kleinen Handy erreichbar sein können. Alles begann zuerst im Kopf.

Haben Sie bitte auch hier wieder den Mut, etwas aus der Reihe zu fallen. Sie glauben gar nicht, wie viele fragende Blicken ich im Laufe meines Lebens schon wegen meiner Zielcollagen geerntet habe. Oftmals bekomme ich ein Kopfschütteln, wenn andere Menschen meine Collagen sehen. Ich denke dann nur immer: „Schuster, pfeif auf deine Leisten – was soll's?" Mir tun die Collagen gut, und ich erreiche meistens die Dinge, die ich mir vorgenommen habe. Mittlerweile erstelle ich diese übrigens am PC und drucke sie mir auf DIN-A4 aus. Da ich viel unterwegs bin, habe ich so die Möglichkeit, den Ausdruck in meinen Kalender zu heften, und habe meine Ziele so immer dabei. Jedes Jahr aufs Neue freue ich mich auf den Jahreswechsel, da ich dann wieder meine Ziele festlege und mich auf Bildersuche begebe. Es macht Spaß, gibt Kraft und Sie werden immer wieder an Ihren Weg erinnert. Ziele wirken wie ein Kompass.

! Arbeiten Sie schon mit Collagen? Wenn nein, fertigen Sie unbedingt eine für sich an. Lassen Sie sich auf das Abenteuer ein. Sie werden sehen, es macht Spaß!

Angstfrei in die Zukunft

Was will Sie noch erschüttern, wenn Sie sich eine Collage erstellt haben, an die Sie glauben und an deren Ziele Sie arbeiten? Sie blicken alleine durch die Bilder schon positiv in die Zukunft. Ich möchte Ihnen eine Geschichte erzählen, die ich letztes Jahr mit einem Bekannten erlebt habe. Er ist selbstständiger Handwerker mit einer kleinen Firma und hat eine Handvoll Mitarbeiter. Er hat uns geholfen, unser Haus noch wohnlicher zu gestalten, und so fand an einem lauen Sommernachmittag im Rohbau unseres Hauses der folgende Dialog statt:

Bekannter: „Du bist doch auch im Finanzvertrieb tätig, oder?"
Ich: „Ja."
Bekannter: „Darf ich dir dann eine Frage stellen?"
Ich: „Selbstverständlich."
Bekannter: „Ergibt es denn in der jetzigen Zeit noch Sinn zu sparen? Vertraust du dem Euro noch – und was, wenn unser Geld bald nichts mehr wert ist? Ist es da nicht sinnvoller, alle meine Lebens- und Rentenversicherungsverträge zu kündigen, um damit meine Schulden abzuzahlen?"
Ich: „Nun, das waren ja gleich mehrere Fragen auf einmal. Ich versuche, sie mal zu beantworten. Ob sich der Euro halten wird oder nicht, kann ich nicht beantworten. Ich weiß nur, dass wir in Deutschland die letzten 100 Jahre schon zwei

Währungsreformen erlebt und auch überlebt haben. Ich gehe davon aus, dass – falls denn eine dritte kommen sollte – wir auch diese überstehen werden. Ich für meinen Teil glaube aber, dass wir die Krise in den Griff bekommen werden. Jetzt gehen wir aber mal vom allerschlimmsten Fall aus, d. h., du kündigst tatsächlich deine Versicherungen, tilgst damit deine Schulden und dann bleibt alles so, wie es ist. Das heißt, die Krise wird tatsächlich bewältigt, der Euro bleibt bestehen und du gehst irgendwann mit Mitte 60 in Rente. Was machst du dann? Du hast zwar deine Schulden vielleicht etwas schneller getilgt, stehst aber nun mit leeren Händen da. Wie gehst du jetzt mit dieser Situation um?"

Bekannter: „Darüber habe ich mir noch keine Gedanken gemacht ..."

Ich möchte bestimmt niemanden bekehren oder meine Meinung aufzwängen. Fakt ist aber, dass niemand von uns in die Zukunft schauen kann und wir daher tatsächlich nicht wissen, wie es denn weitergehen wird. Ich weiß nur eines: Es geht immer irgendwie weiter. Und ich spare für meine private Altersvorsorge genauso weiter, wie ich es schon immer getan habe. Sollte wirklich unser System zerplatzen, dann fangen wir doch alle wieder bei null an. Jeder hat dann wieder die gleichen Chancen und Möglichkeiten. Quasi alles zurück auf Los. Ich habe davor keine Angst, denn man kann mir mein Geld nehmen und vielleicht mein Eigentum, aber mein Wissen, meine Talente und Fähigkeiten und meinen Mut, das kann mir keiner nehmen. Und so bin ich felsenfest davon überzeugt, dass ich es auch nach einem evtl. Neustart wieder schaffen würde.

Ich sehe die Zukunft also absolut optimistisch. In jedem Moment kann ich neu entscheiden, wie ich die Zukunft angehe. Und wenn nur immer mehr jammern, dann haben wir bald eine selbsterfüllende Prophezeiung, nur um schließlich zu sagen: „Wir haben es ja schon immer gewusst!" Ich mache bei dem Spiel nicht mit und sehe in jeder scheinbaren Krise die Herausforderungen und die Chancen. Wissen Sie, dass es im chinesischen für die Wörter Krise und Chance nur einen einzigen Schriftzug gibt. Ist schon etwas Wahres dran, oder?

In unserer Welt dreht sich meiner Meinung nach eh viel zu viel um das Thema Geld und Materialismus. Viele Ängste und Sorgen haben mit Geld oder eben mit zu wenig oder gar keinem Guthaben zu tun. Im Kapitel „Erfolg" habe ich ja schon darüber geschrieben, dass uns vorgegaukelt wird, dass zu den Erfolgreichen scheinbar nur Menschen mit einem dicken Portemonnaie gehören. Ich will nicht abstreiten, dass Geld mit Sicherheit vieles im Leben erleichtert. Doch sein Leben nur auf Geld und Materialismus zu richten, halte ich auch für falsch. Was, wenn dann tatsächlich der Euro zerbrechen sollte?

Noch mal: Ich bin überzeugt davon, dass uns eine großartige Zukunft bevorsteht und wir noch nie so viele Chancen und Möglichkeiten hatten wie in diesen Zeiten. Wir leben in einem freien Land mit einem noch nie da gewesenen Wohlstand. Uns stehen so viele Optionen offen, dass wir schon gar keine Orientierung mehr haben, wo es in unserem Leben tatsächlich lang gehen soll. Ich habe immer das Gefühl, dass die Menschen immer unglücklicher werden, je mehr Entscheidungen sie treffen können. Man zermartert sich über Dinge den Kopf, die es früher gar nicht gab, nur damit man ein Stück weit beruhigter einschlafen und hoffentlich durchschlafen kann. Und irgendwie kommt unser Geist gar nicht mehr hinterher und wir selbst bleiben auf der Strecke. Nicht umsonst heißt die Modekrankheit unserer Zeit wohl „Burn-out". Wir brennen förmlich aus, schaffen es aber nicht mehr, begeistert für nur ein einziges Ziel zu brennen. Wir sind zerstreuter denn je und unfokussierter denn je. Noch nie zuvor sind wir so vielen Scheinzielen hinterhergeeifert als in diesen Zeiten. Doch wo bleiben wir? Wo bleibt der Mensch? Wir sprechen immer mehrere Sprachen, doch verstehen unsere Kinder und Partner nicht mehr. Wir bekommen immer schneller und immer mehr Informationen, doch begreifen nicht, wie wir ein erfülltes Leben führen können. Wir haben immer mehr Produkte im Supermarkt und sind doch nicht satt. Ständig haben wir Hunger. Hunger nach Konsum. Anstatt uns an den Dingen zu freuen, die wir haben, sind wir unzufrieden wegen der Dinge, die wir eben noch nicht besitzen. Und dabei begreifen wir nicht, dass wir eigentlich nur Verwalter hier auf Erden sind. Selbst wenn wir etwas als unser Eigentum betrachten – wie lange gehört es uns wirklich? Es kann morgen schon vorbei sein und daher sollten wir jeden Moment so leben, als wäre es unser letzter.

Das soll jetzt nicht depressiv oder melancholisch rüberkommen, aber ich möchte Sie ein bisschen wachrütteln. Raus aus der Norm. Rein in ein Leben, das Ihnen gebührt und das Sie auch verdient haben. Jeder Mensch hat ein Recht darauf.

!● Sehen Sie optimistisch in die Zukunft? Mit wem sprechen Sie über die Zukunft? Sprechen Sie positiv davon? Welche Entscheidung treffen Sie ab heute? Wir sind alle Gestalter unserer gemeinsamen Zukunft!

Ein Plädoyer für den Verkauf

Ich bin ein leidenschaftlicher Verkäufer und sehe im Verkauf absolut nichts Negatives. Die Medien versuchen aber ständig, den Beruf des Verkäufers schlecht zu machen. Kunden aller Branchen reagieren daher höchst allergisch, wenn sie mit einem Verkäufer konfrontiert werden. Mal ehrlich: Haben Sie nicht auch ein schlechtes Bauchgefühl, wenn Sie heute einen Anruf von einem Finanzberater bekommen? Denken Sie nicht auch sofort: Der will mir ja nur was verkaufen?

Versuchen wir zunächst gemeinsam, den Verkauf aus ungewohnten Perspektiven zu betrachten. Erste Frage: Kann ich Ihnen oder irgendein anderer überhaupt etwas verkaufen? Oder ist es nicht eher so, dass ich Ihnen ein Produkt oder eine Dienstleistung vorstelle, dann natürlich meine Verkaufsargumente bringe, Ihnen Ihren Nutzen schildere und Sie dann für sich entscheiden, ob Sie das Angebot annehmen oder auch nicht? Im Grunde entscheiden doch immer Sie selbst, ob Sie kaufen oder nicht. Also bin ich kein Verkäufer, sondern Sie Einkäufer! Ich habe in meinen fast 15 Jahren Vertrieb noch nie beobachtet, dass ein Kunde unterschreibt, weil ihm körperliche Gewalt angedroht wird oder der Stift im Unterschriftsfeld vom Verkäufer mitgeführt wird. Jeder handelt selbstverantwortlich. Und wenn ich Ihnen etwas vorstelle, das Ihnen gefällt, was ist denn Schlimmes dabei, wenn Sie sich dann dafür entscheiden?

Und sind wir nicht alle und zu jeder Zeit Verkäufer? Wenn Sie morgen Abend mit Ihrem Schatz essen gehen wollen, dann entscheidet in der Regel der bessere Verkäufer, ob Sie beim Griechen oder Italiener landen. Und auch bei der Urlaubsplanung wird derjenige an sein Traumziel kommen und entscheiden, ob es in die Berge oder ans Meer geht, der eben die besseren Argumente verkaufen kann. Kinder sind zum Beispiel die besten Verkäufer, da sie kein Nein akzeptieren und so lange neue Gedanken- und Argumentationsketten entwickeln, bis sie eben das Eis bekommen.

Doch wie reagieren manchmal die normalen Verkäufer? Sie resignieren nach dem ersten Nein und lassen den Kunden ohne Einkauf ziehen. Und was machen die Profis unter den Verkäufern? Sie akzeptieren das Nein nicht, sind 100-prozentig von ihrem Produkt oder ihrer Dienstleistung überzeugt und fänden es grob fahrlässig, wenn sie heute nach Hause fahren würden, ohne dass Sie als Kunde gekauft hätten. Und das können Sie in der Körpersprache, in jeder Geste und in der Argumentation dieser Top-Verkäufer ablesen.

Der normale Verkauf funktioniert allerdings nicht mehr. Auch hier gilt: „Schuster, pfeif auf deine Leisten!" Brechen Sie mit den alten Regeln und verlassen Sie die alten Trampelpfade des strukturierten Verkaufsgespräches. Jeder Verkaufstrainer scheint mir mittlerweile mit seiner eigenen Verkaufsformel unterwegs zu sein, die ganze Heerscharen von Verkäufern lernen und versuchen, anzuwenden. Und meistens bleibt es leider beim Versuch. Denn erstens einmal muss die Verkaufsformel ja gar nicht zu mir passen und zweitens werden die Kunden doch auch immer aufgeklärter und bekommen in ihrem Betrieb auch Seminare und Trainings. Dort lernen Sie vielleicht genau die Formel, durch die Sie sich jetzt als Verkäufer quälen müssen, weil es eben Vertriebsvorgabe ist. Und dann wird immer mehr Technik in den Verkauf gebracht. Sorry, aber mich turnt es ab, wenn ein Versicherungsfachmann mit seinem Tablet-PC vor mir sitzt und nicht mehr mich, sondern nur noch sein technisches Hilfsmittel anschaut. Wo bleibt denn der Mensch? Natürlich sind PC-Systeme und Rechenprogramme wichtig, doch Menschen werden immer Menschen brauchen. Und das gilt im Verkauf stärker denn je. Die Menschen sind doch immer unsicherer und brauchen Orientierung. Wir leben in einem Markt des Überangebots. Wenn Sie sich für eine Geldanlage entscheiden müssen, können Sie aus unzähligen Angeboten wählen, und jeder kann Ihnen anhand von zahlreichen Grafiken und Charts ganz genau erklären, warum sein Produkt für Sie das richtige ist. Aber werden Sie als Mensch überhaupt noch wahrgenommen? Fragt man Sie, warum Sie das Geld anlegen wollen, was Ihr Ziel dahinter ist und wann Sie es tatsächlich wieder brauchen? Viele Verkäufer bekommen immer mehr Schulungen, um zu lernen, wie sie mit den PC-Systemen umgehen können. Verlernen aber, wie man mit dem Menschen umgeht. Uns wird die emotionale Intelligenz immer stärker abtrainiert. Kaum mehr jemand kann noch seine Gefühle ausdrücken und somit die Gefühle seines Gegenübers auch nicht mehr erkennen. Wenn ich manchmal in Kundengesprächen sitze und Berater beobachte, denke ich mir manchmal, dass zwei Eisklötze ohne jegliche Gefühle vor mir sitzen. Kann so etwas auf Dauer Spaß machen?

Heute erwarten die Kunden mehr denn je, dass wir auf ihre Bedürfnisse und Gefühle eingehen. Sie wollen an die Hand genommen werden – quer durch alle Branchen. Nur wer in der Lage ist, die Hand des Kunden zu fassen und ihn zu führen, der wird auf Dauer Erfolg im Verkauf haben. Es ist mehr denn je an der Zeit, den Verkauf neu zu definieren. Wenn Sie im Verkauf tätig sein sollten, versuchen Sie doch mal, aus den nächsten Kundengesprächen ein „Event" zu machen. Brennen Sie ein Feuerwerk ab und begeistern Sie den Kunden! Dazu müssen allerdings als Erstes Sie selbst begeistert sein. Und daran hakt es ebenfalls bei vielen Verkäufern. Stehen Sie loyal hinter Ihrer Firma und Ihren Produkten und Dienstleistungen? Wenn hier nichts sofort ein lautes „Ja!" kommt, dann überlegen Sie sich, ob Sie nicht bei einem anderen Arbeitgeber besser aufgehoben wären. Kunden wollen unterhalten werden. Machen Sie aus jedem Gespräch ein Erlebnis, an das der Kunde gerne zurückdenkt. So werden Sie auch nie Probleme mit Weiterempfehlungen haben. Übrigens die günstigste und effektivste Marketingstrategie, die ich kenne.

Ich fordere Sie also auf: Werden Sie ein Verkaufs-Entertainer! Und dies nicht nur, wenn Sie im Verkauf tätig sind, sondern in all Ihren Lebensbereichen. Sie verkaufen sich schließlich ständig selbst. Mit den Klamotten, die Sie tragen, mit Ihrem Auftreten, Ihrer Sprache und Ihren Worten usw. Wer, denken Sie, wird denn bei einer Gehaltserhöhung oder Beförderung als Erstes bedacht werden? Das graue Lieschen Müller von nebenan, von dem keiner Notiz nimmt, oder jemand, der ständig im Gespräch ist, auffällt und Präsenz zeigt? Hat alles nur mit Verkauf zu tun.

!● Wie sehen Sie nun das Thema Verkauf? Wenn Sie selbst Verkäufer sind, sind Sie dies mit Leidenschaft und Begeisterung? Wenn Sie „nur" sich selbst verkaufen, wie tun Sie dies ab heute?

Begeisterung

Im Jahr 2009 besuchte ich eine Veranstaltung mit dem Dalai-Lama, und er wurde dazu befragt, was er den Besuchern rät, um ein glückliches und erfülltes Leben zu führen. Ohne groß zu überlegen, antwortete er: „A life without passion is no life!", also: „Ein Leben ohne Leidenschaft ist kein Leben!" Tun Sie alles, was Sie tun mit Leidenschaft. Ich weiß, es gibt auch Dinge im Leben, die tut man nicht so gerne. Bei mir war das z. B. alles, was mit dem Thema Buchhaltung zu tun hatte. Warum schreibe ich „war" und nicht mehr „ist"? Ich habe für mich ein Konzept entwickelt, mit dem es mir sogar fast Spaß macht, mich 1–2 Stunden im Monat mit den Zahlen zu beschäftigen. Ich plane immer bis zum Fünften eines Monats einen festen Termin mit mir selbst für die Buchhaltung ein. Zunächst folgt die Pflicht, also der Zahlenabgleich. Dann jedoch die Kür, auf die ich mich immer noch freue wie ein kleines Kind. Zunächst lasse ich immer eine Vorschau auswerten, wie ich aktuell von den Jahreszahlen dastehe. Das motiviert mich meistens und ich behalte so ständig den Überblick. Zum Zweiten darf ich, wenn ich weniger als zwei Stunden gebraucht habe, entweder ein neues Buch bestellen oder mir ein Musikalbum downloaden. Ich mache das selten einfach so, sondern setze mir dies immer als Belohnung. So bekommen diese scheinbar einfachen Dinge auch noch ein höheres Gewicht.

Bitte seien Sie sowohl im Privaten wie auch im Beruflichen jederzeit mit Leidenschaft und Begeisterung am Werk. Sobald Sie in Ihrer Partnerschaft aufhören, Leidenschaft zu investieren, wird Ihre Partnerschaft beginnen, ganz langsam den Bach hinunterzurinnen. Meistens ist Ihr Partner dann ein Spiegel Ihrer selbst und lässt sich von Ihnen anstecken. Man endet beim Paartherapeuten, der einem den Ratschlag gibt, wieder mehr „Feuer" in die Partnerschaft zu bringen. Wer soll aber das Streichholz entfachen, wenn nicht Sie selbst?

Und im Beruf ist es genauso. Wenn Sie schon nicht begeistert sind von dem, was Sie täglich tun, wie sollen dann Ihre Kunden begeistert sein? Von Ihren Mitarbeitern oder Ihrem Chef gar zu schweigen? Ich werde nie verstehen, wie man sich jeden Tag aufs Neue aus dem Bett quälen kann, dann völlig lethargisch auf der Arbeit erscheint, seine Kollegen noch ansteckt und auch den letzten Kunden vergrault, nur um dann am Abend mit dem Partner gemeinsam vor dem Fernseher zu schweigen. Ist das ein Leben? Also meines nicht.

Ich versuche, mich auch an den Kleinigkeiten des Lebens zu begeistern. Schauen Sie sich auch hier mal aufwachsende Kinder an. Unsere Tochter kann stundenlang mit demselben Spielzeug spielen und sich daran erfreuen. Sie gluckst und lacht vor sich hin und auch am nächsten Tag geht das Spiel von vorne los. Wie oft ist uns Erwachsenen allerdings langweilig. Wie oft zappen wir nicht nur im Fernsehprogramm, sondern auch in unserem Leben hin und her? Finden wir hier Erfüllung, Begeisterung und Leidenschaft? Und übrigens: Wenn es Bereiche in Ihrem Leben gibt, die Sie absolut stören, unendlich viel Kraft kosten und Ihnen keinerlei Begeisterung entlocken können, dann trennen Sie sich davon oder delegieren Sie! Ich hätte z. B. meine Buchhaltung auch an meinen Steuerberater delegieren können. Wie Sie mittlerweile wissen, habe ich aber mittlerweile Spaß daran gefunden. Was ich allerdings nicht mehr machen würde, ist der Reifenwechsel. Ich selbst habe, als ich es vor einigen Jahren das letzte Mal selbst gemacht habe, für den Wechsel und die Reinigung der Räder samt Einlagerung ca. 1,5 Stunden gebraucht. Nebenbei habe ich mir das Kreuz verrissen, weil ein Reifen angerostet war und nicht abgehen wollte, und mein Auto ist mir fast vom Wagenheber gekracht. Heute zahle ich im Jahr 80 € für die zwei Wechsel im Frühjahr und im Herbst und der kompletten Einlagerung, inkl. der Felgenpolitur auf Hochglanz. Warum soll ich das noch selbst machen? So habe ich insgesamt drei Stunden pro Jahr mehr Lebenszeit gewonnen, an denen ich die Dinge tun kann, die mir wirklich Spaß machen und mich ausgleichen oder weiterbringen. Reifenwechsel gehört definitiv nicht dazu. Aber die Jungs in der Werkstatt, die machen das voller Freude, haben immer einen Witz auf Lager, sind stets freundlich, ich bekomme während der kurzen Wartezeit stets einen Kaffee und kann entspannt ein Buch lesen! Ist doch klasse, oder?

Ihre Aufgabe hier auf Erden kann es doch nicht sein, dass Sie permanent schlecht gelaunt und griesgrämig durchs Leben gehen. Sie sind doch nicht hier angetreten, damit Sie sich bis zu Ihrem Lebensende durch Ihr Leben quälen. Dennoch erfordern manche Entscheidungen Mut. Mut, sich zu verändern. Mut, Aufgaben zu delegieren. Mut, von alten Mustern loszulassen. Je mehr Sie loslassen, desto freier werden Sie. Und je freier Sie sind, desto mehr Begeisterung und Leidenschaft kommt automatisch in Ihr Leben! Ich wünsche es Ihnen!

! • Welche Aufgaben können Sie abgeben? Von welchen Tätigkeiten oder auch Gewohnheiten werden Sie sich trennen? Müssen Sie in Ihrem Leben evtl. grundlegende Änderungen vornehmen?

Denkanstöße aus dem Leben

Es ist immer wieder verwunderlich, wie viele Menschen ihre Träume aufgeben, nur damit sie so sind, wie es der Normalität entspricht, wie sie also scheinbar die „Masse" haben möchte. Ich möchte Ihnen zwei Beispiele aus meinen Coaching-Gesprächen geben, die mich zum einen dazu veranlassten, dieses Buch zu schreiben, und Ihnen zum anderen vielleicht wertvolle Impulse geben können, Ihre Situation beruflich wie privat neu auszurichten.

Beginnen wir mit einer 23-jährigen Coachee. Diese junge Frau begleitete ich im Rahmen einer Vertriebsmaßnahme einer großen Bank, und ich hatte die Gelegenheit, ein halbes Jahr mit ihr zu arbeiten. Relativ schnell fasste sie Vertrauen zu mir und die Arbeit mit ihr machte wirklich Spaß. Sie war offen für alles Neue, war zwar kritisch, aber dennoch probierte sie einiges von dem aus, was wir durchgesprochen hatten. Auch in ihren Kundengesprächen kam sie klasse an und schaffte es immer, eine gute Gesprächsbasis herzustellen. Als sich nach vier Monaten allerdings immer noch keine Absatzverbesserungen eingestellt hatten, versuchte ich, Klartext mit ihr zu reden. Zunächst blockte sie das Gespräch ab, und es dauerte eine Weile, bis wir auf den Kern des Problems gestoßen sind. Ich fragte sie scheinbar beiläufig: „Warum hast du eigentlich den Beruf der Bankkauffrau gelernt?" Und sie antwortete tatsächlich: „Weil meine Eltern wollten, dass ich etwas Vernünftiges lerne." Ich fragte sie anschließend, was sie denn tun würde, wenn sie nochmals die

Wahl hätte. Sie antwortete mit einem Glänzen in den Augen: „Mein Traum war es schon immer, einen eigenen Friseursalon zu haben. Ich würde ein Nagel- und Kosmetikstudio integrieren, sodass meine Kunden alles aus einer Hand in nur einem Laden bekommen würden." Sie kam richtig ins Schwärmen, als sie mir von ihrer Idee und ihrem Traum erzählte. Doch mit meiner nächsten Frage schockte ich sie: „Was spricht dagegen, jetzt noch umzulernen?" Die junge Frau war damals 23 Jahre, d. h., bis zu ihrem Renteneintritt mit 67 Jahren hat sie tatsächlich noch 44 Jahre zu arbeiten (!!!). Wann, wenn nicht jetzt?

Ich frage nun Sie, liebe Leser: Tut sich die Frau etwas Gutes, wenn sie weiterhin in dieser Bank arbeitet? Und vor allem, tut sie der Bank etwas Gutes? Wird sie jemals eine Spitzenverkäuferin werden oder ihre Zahlen ohne Mühen erreichen? Ich behaupte: nein.

Ich erkundigte mich nach dem Gespräch scheinbar beiläufig bei ihrem Vorgesetzten nach ihren Abwesenheitstagen, und er erklärte mir, dass seine Mitarbeiterin sehr oft krank wäre und auch schon mal wegen einer leichten Erkältung zu Hause bleiben würde. Verwundert Sie das? Wenn man bei dem, was man tut, keinerlei Spaß empfindet, wie viel Kraft bleibt einem dann noch? Man ist viel anfälliger gegenüber Krankheiten, das Abwehrsystem ist geschwächt und man kommt in der Früh kaum aus dem Bett. Der normale Arbeitsalltag wird im schlimmsten Fall zur Qual. Eines der möglichen Resultate ist wohl eine Depression, verpackt im Burn-out. Und die

Bankkauffrau ist leider eine gute Kandidatin dafür. Mit 23 schon!

Warum trifft die Mitarbeiterin aber nicht die Entscheidung, die Bank zu verlassen und ihren Traum zu verwirklichen? Auch das hat sie mir im Gespräch selbst gesagt:

- Was werden meine Eltern sagen?
- Dann habe ich ja umsonst drei Jahre gelernt.
- Ich mache doch auch gerade eine Weiterbildung zur Finanzfachwirtin, da habe ich noch drei Semester, das kann ich doch nicht abbrechen.
- Ich weiß doch gar nicht, ob ich nicht eine Allergie gegen die Färbemittel habe, die ich als Friseurin bräuchte.

Innerhalb von nicht mal einer Minute, brachte sie mir all diese Vorwände. Systematisch zerstört sie sich ihren Traum selbst, und irgendwann ist er so weit in Vergessenheit geraten, dass sie sich nicht einmal mehr daran erinnern wird.

Wie lange es dauert, bis wir ihn wiedererkennen, zeigt das nächste Beispiel.

Auch hier war ich zu einem Training in der Bank und begleitete Führungskräfte ein halbes Jahr bei ihrem täglichen Tun. Eine sehr offene Geschäftsstellenleiterin im mittleren Alter war im Ranking der Bank mit ihrer Filiale immer unter den Top 3. Sie hätte mich eigentlich gar nicht gebraucht, aber sie war bei der oberen Führungsebene sehr umstritten und eckte immer wieder an. Mit dem Coaching-Prozess wollte man wohl erreichen, dass sie sich zukünftig etwas sanfter führen lassen würde. Ich fand sehr schnell einen Zugang zu ihr und wir tauschten uns ständig auf hohem Niveau aus. Doch immer wenn es ums Thema „Wie lasse ich mich führen" kam, schlug die Stimmung um und sie wurde z. T. sehr aggressiv und griff ihre Führungskräfte vehement an. Sie fühlte sich im Stich gelassen, der Druck werde immer weiter erhöht, oftmals werden Dinge unternommen, die sie vor ihren Mitarbeitern unglaubwürdig erscheinen lassen usw. Ich spürte eine Verbitterung und wollte etwas tiefer in dieses Gefühl hinein. Nach einigen Gesprächen legte sie mir die Karten auf den Tisch. Eigentlich müsste sie gar nicht mehr arbeiten, da ihr Mann sehr gut verdienen würde. Menschen zu führen mache ihr aber total viel Spaß, aber sie fühle sich zum einen überfordert im Umgang mit ihren Führungskräften, zum anderen aber auch unterfordert mit ihren Kollegen/-innen vor Ort, da ja alles so gut laufen würde. Ein Wechsel innerhalb der Bank kam für sie nicht infrage. Was also tun? Die Unzufriedenheit war präsent, und an unserem letzten Termin sagte sie mir freudestrahlend, dass sie gekündigt hätte und nun eine ehrenamtliche Stelle im Sozialdienst annehmen würde, um sich um Missbrauchsopfer zu kümmern, die im Leben Orientierung und Führung bräuchten. Was für eine Entscheidung! Zunächst hatte ich dem Auftraggeber gegenüber ein schlechtes Gewissen, denn am Prozess der Entscheidungsfindung war ich ja nicht ganz unbeteiligt. Beim Abschlussgespräch stellte sich dann aber heraus, dass es dem Arbeitgeber gar nicht mal so unrecht war, dass eine seiner besten Geschäftsstellenleiterinnen die Firma freiwillig verlassen hatte. So war es also für beide Parteien offenbar die beste Lösung.

Auf einem meiner Seminare habe ich den Geschäftsführer eines großen Marketing-Konzerns mit zugehörigem Callcenter getroffen. Er war von dem Persönlichkeitsseminar so begeistert, dass er es zur Pflichtveranstaltung für alle seine Führungskräfte machte. Ich fragte ihn daraufhin, ob er nicht Angst hätte, dass nicht manche seiner Führungskräfte eine neue berufliche Zukunft anstreben könnten und ihm kündigen würden. Er antwortete mir: „Wissen Sie, Herr Schmitt, in dem Fall ist dem Mitarbeiter und mir am meisten geholfen. Oder denken Sie, dass er in meiner Firma sein volles Potenzial abrufen wird, wenn er eigentlich lieber etwas anderes tun würde? So ist uns also beiden geholfen. Er verwirklicht sich mit dem, was er schon immer tun wollte, und ich habe Mitarbeiter, die in meiner Firma auch tatsächlich was erreichen wollen. Je eher mich ein solcher Mitarbeiter verlässt, desto besser ist es doch!"

Ich war erstaunt über den Weitblick des Geschäftsführers und fragte mich sofort, warum denn nicht alle diese Einstellung haben.

Ich glaube ganz fest daran, dass jeder die Arbeit finden wird, die ihm Spaß macht. Und so könnte es sein, dass eine Bankerin plötzlich einen Friseursalon eröffnet. Eine Friseurin dann aber vielleicht in die Bank wechselt usw. Ich muss nur den Mut zur Veränderung haben. Doch ich lebe schließlich in meiner Komfortzone, und alles Neue, das außerhalb dieser Zone liegt, ist erst mal unbequem, ja vielleicht sogar schmerzhaft. Doch den Mutigen gehört die Welt! Ich rufe Ihnen nochmals zu: „Schuster, pfeif auf deine Leisten!" Brechen Sie mit Ihren alten Denkweisen und beginnen Sie, Ihre Träume zu leben.

Wann, wenn nicht jetzt?

21.09.2013 – Vision erreicht

Sie warten selbstverständlich immer noch auf die Auflösung der Frage, wie ich nun meine Vision bereits zwei Jahre eher erreichte und ich einen Vortrag vor 2.500 Menschen halten darf.

Die Antwort ist denkbar einfach: üben, üben, üben und immer wieder ins Tun kommen. Ich habe Ihnen meine berufliche Entwicklung ja offen dargelegt, und so suchte ich mir immer wieder neue Herausforderungen, um vor Menschen sprechen zu können. Egal um welches Thema es sich handelte, ich wollte sprechen und trainieren. Ich nahm mehrere Trainingstage an, als ich eigentlich abarbeiten konnte, und arbeitete zeitweise wirklich an sieben Tagen, fast rund um die Uhr. Ich kam gar nicht mehr herunter, war ständig gereizt – fragen Sie nicht, was meine Frau in dieser Zeit alles aushalten musste. Da ich aber ständig besser werden wollte, besuchte ich neben meinen eigenen Trainings auch Trainer- und Rhetorikseminare. Auch bei Jürgen Höller selbst. Nachdem er mich kräftig „geschliffen" hatte, bot er mir im Winter 2011 von sich aus an, auf dem Motivationstag 2013 zu sprechen. Mein Training hatte sich also bezahlt gemacht.

Der Moment, auf den ich so lange hingearbeitet hatte, erfüllte sich am 21.09.2013 – vielleicht haben wir uns ja getroffen?

21.09.2013 – Und danach?

Der Zeitpunkt meines Auftrittes kommt immer näher. Mir ist heiß und kalt zugleich. Appetit habe ich keinen und geschlafen habe ich letzte Nacht auch nichts. Die Redner vor mir waren gut. Die Teilnehmer erwarten hohes Niveau. Ich sitze mit meiner Frau in der Kabine und würde lieber überall anders sitzen als hier in der Nürnberger Meistersingerhalle. Ich muss in die Maske und in die Technik. Sonya Kraus moderiert mich an und plötzlich stehe ich auf der Bühne. Ruhig, besonnen, konzentriert. Es macht Spaß. Die Teilnehmer machen mit und ich genieße diese 45 Minuten. Alles fließt irgendwie und ich will mehr davon.

Am Montag darauf bin ich wieder im richtigen Leben. Eine Präsentation vor 16 Teilnehmern. Auch dies macht mir tiefen Spaß, auch wenn ich ein wenig Angst davor hatte, was nach dem „großen" Auftritt sein würde. Aber der Auftritt vor 2.500 war für mich eine große Probe. Ich habe noch mehr Selbstvertrauen und Selbstwert hinzugewonnen. Ich bin innerlich noch stärker geworden. Und für die nächsten Monate würde ich dies auch brauchen.

Da ich mich zu sehr auf den 21.09.2013 und das Event in der Meistersingerhalle konzentrierte, habe ich meine normalen Akquisetätigkeiten vernachlässigt. Außerdem dachte ich naiv, dass nach dem 21.09. die Aufträge von ganz alleine kommen würden.

Und so saß ich am Jahreswechsel 2013/2014 mit meiner Frau am Esstisch, schaute in meinen Kalender und schauderte bei der Anzahl der bisher gebuchten Tage für 2014. Es waren gerade mal 20. Erfahrungsgemäß ist das Frühjahr immer sehr stark gebucht, da viele meiner Kunden dort ihre Jahresauftaktveranstaltungen machen. Für das Jahr 2014 hatte ich kaum Buchungen. Mächtig unter Druck begann ich gleich im Januar zu telefonieren, doch anstatt mehr Tage zu gewinnen, wurden sogar bestehende Tage und auch große Optionsbuchungen abgesagt. Je mehr ich mich bemühte, desto schlimmer wurde es. Ich war am Boden, ein Häufchen Elend. Ich hatte nur noch die Arbeit im Kopf und die Frage: „Wie komme ich zu mehr Tagen?". Diese Frage beschäftigte mich am Tag und in der Nacht. Ich war launisch und konnte das erste Mal in meinem Leben nachts nicht mehr schlafen. Ich grübelte hin und her und sah meine finanziellen Reserven schwinden. Ich musste sogar meine eisernen Reserven angreifen. Ich gebe zu, ich jammerte sogar. Das Selbstvertrauen, das ich am Motivationstag hinzugewonnen hatte, war auf einen Schlag wieder weg. Ich stürzte von der großen Bühne – vermeintlich von ganz „oben" ab, nach ganz unten. Ich stellte alles Berufliche in Frage. Selbst die Alternative „Angestelltenverhältnis" schwirrte mir im Kopf umher.

In dieser Zeit war es extrem wichtig für mich, dass ich ein gutes Team um mich herum hatte, das an mich glaubte. Allen voran meine Frau, die mir den Rücken stärkte. Hier lernte ich auch, was gute Lehrer ausmachen. Gute Lehrer helfen auf ihre Art und Weise. Sie lassen dich, auf gut Deutsch, „Dreck fressen" und lassen dich die Erfahrung des momentanen Tals machen. Sie schaffen Distanz und schenken dir „nur" Vertrauen. Dies und die Unterstützung meiner Frau kam bei mir an, ich schlug eines Tages auf den Tisch, krempelte die Ärmel nach hinten und sagte mir: „Auch dieses Tief wirst du überstehen!". Ich traf eine Entscheidung und setzte alles auf eine Karte. Ich hatte plötzlich neue Ideen und schickte neue Angebote an Bestands- und Neukunden. Nach einem halben Jahr sah ich dann das Licht am Ende des Tunnels und ab September 2014 war ich so gut wie ausgebucht und hatte kaum mehr freie Tage. Ich schaffte fast noch die gleichen Buchungstage wie im Jahr 2013 und konnte mit einem guten Gefühl aus dem Jahr 2014 gehen.

Doch was habe ich gelernt? Einmal mehr: Es geht immer irgendwie weiter. Wenn, ja wenn du nur selbst an dich glaubst. Verlierst du selbst den Glauben an dich, kann dir kein Mensch der Welt mehr helfen. Und die Welt selbst, wird dir auch nicht mehr helfen. Warum jemanden helfen, der sich selbst aufgegeben hat? Welchen Mehrwert hätte dieser Mensch noch für sein Umfeld? Ich habe auch gelernt mich zunächst aufs „Brotverdienen" zu konzentrieren und die schönen i-Tüpfelchen meines Berufes, nämlich die großen Auftritte zu genießen.

Dankbarkeit und Demut für bisherige Erfolge sind wieder ein großes Stück wichtiger im Leben geworden. Und die sogenannten Selbstverständlichkeiten im Leben, wie Gesundheit, Familie und unseren Lebensstandard, den wir hier in Deutschland leben dürfen – wertschätzend anzunehmen.

Und letztlich: Die schwärzeste Stunde einer Nacht, ist die Stunde vor Sonnenaufgang. Gerade in dieser schwärzesten Stunde entscheidet sich, wie dein weiteres Leben aussehen wird. Stehst du nochmals auf, oder bleibst du liegen? Ich glaube ganz fest daran, dass jeder Mensch immer nur die Probleme im Leben bekommt, die er zu lösen imstande ist. Auch diese Einstellung kann helfen, ein Tief durchzustehen und den Blick auf die Lernprozesse zu werfen, die darin enthalten sind.

! Welche Lehren haben Sie aus Ihren Lernprozessen gezogen? Können Sie rückblickend
● sogar dankbar für Ihre Krisen sein? Wo wären Sie heute ohne diese Erfahrungen?

Die Bedienungsanleitung fürs Leben

Heute weiß ich, dass der Motivationstag für mich zu bald stattgefunden hat. Ich hatte „mein" Thema noch nicht zu 100% gefunden. Die Erfahrung war natürlich sehr wichtig, und ich habe mich auf der Bühne auch wohl gefühlt. Doch erst im Jahr 2014 machte es „Peng" im Kopf und ich hatte die Idee meines neuen Vortrages „Die Bedienungsanleitung fürs Leben!".

Wie bin ich darauf gekommen? Waren Sie auch schon mal auf Seminaren, sind hochmotiviert nach Hause gekommen, haben die Seminarunterlagen auf den Tisch gelegt und wenig bis gar nichts umgesetzt? Hat man Ihnen auch schon eingetrichtert, dass Sie sich Ziele setzen müssen, wenn Sie Erfolg haben wollen? Und dann brauchen Sie sich zu jedem Ziel nur noch ein Bild zu suchen und schon läuft alles wie von selbst?

Ich widerspreche hier übrigens selbst einigen meiner Aussagen in vorherigen Kapitel, um Ihnen zu verdeutlichen, auf was ich hinaus möchte, denn auch ich steckte teilweise im „Zielsetzungsdilemma" und wurde in manchen Seminaren mutwillig und mit Druck zu Zielen gezwängt, ohne dass mich auch nur einer gefragt hätte: „Was treibt dich eigentlich wirklich, von innen heraus an?".

Ich bin der Meinung, dass ich erst wissen muss, was mich wirklich aus dem tiefsten Innersten heraus antreibt. Was also meine Beweggründe für mein Handeln oder eben auch Nicht-Handeln sind. Wo beziehe ich meine eigene Motivation her? Ohne dass ich Motivation von außen brauche? Erst wenn ich diese Fragen für mich beantwortet habe, kann ich doch beginnen, mir über meine Ziele Gedanken zu machen. Sonst laufe ich doch Gefahr, dass die Ziele, die ich mir gesteckt habe, gart nicht zu mir und meinem Leben passen. Und irgendwann wache ich dann auf, kraft- und energielos und wundere mich, warum ich meine scheinbar eigenen Ziele nie erreiche. Die Lösung ist ganz einfach: Es waren nicht meine eigenen Ziele.

Deswegen habe ich entschieden, eine neue Vorgehensweise zu wählen. Im ersten Schritt erarbeiten wir, was Sie wirklich antreibt, was Sie motiviert und in den sogenannten „Flow" kommen lässt. Im zweiten Schritt setzen Sie sich dann Ihre Ziele, um im dritten Schritt zu prüfen ob die Ziele auch tatsächlich zu Ihren Antrieben passen. Mit dieser Vorgehensweise erhalten Sie Ihre persönliche Bedienungsanleitung fürs Leben und erreichen Ihre Ziele und Visionen ohne körperlichen und mentalen Raubbau. Sie sind im Fluss und treten mutig Ihren Weg in Ihre Zukunft an. Denn die Zukunft ist die einzige Zeit, in der wir leben werden!

! Wie soll sie aussehen – Ihre Zukunft?

Meine Zukunft –
Projekt Olympiastadion

Eine starke Vision von unserer Zukunft, die unseren eigenen Antrieben entspricht ist eine der stärksten Kräfte in unserem Leben. Die Vision, die mir Kraft gibt ist das Bild, das ich vom Jahr 2025 habe. Im Juni 2025 stehe ich auf der Bühne des Münchner Olympiastadions und spreche vor ausverkauftem Haus zu den Teilnehmern, die eben diese Vision Wirklichkeit werden lassen.

Begleiten Sie mich auf dem Weg dorthin unter:

www.stephanschmitt.com und
www.facebook.com/projektolympiastadion

Machen Sie mir eine Freude

Ich würde mich sehr freuen, wenn Sie mir ein kurzes Feedback mit Ihren Erkenntnissen, Fragen oder auch Erfahrungen schicken. Nutzen Sie meine Mailadresse info@stephanschmitt.com und Ihre Mail landet direkt auf meinem Bildschirm!

Ein letztes Ausrufezeichen sei mir noch erlaubt. Wie ich im Kapitel „Wissen, Tun, Erfahrungen und die Medien" geschrieben habe, finde ich es enorm wichtig, den Kopf mit den richtigen Inhalten zu füllen. Deswegen wiederhole ich nochmals meine Frage: Welches Buch werden Sie als Nächstes lesen? Welches Seminar als nächstes besuchen?

Ihre Bedienungsanleitung fürs Leben

Sind Sie neugierig geworden, wie die Bedienungsanleitung für Ihr Leben aussehen könnte? Möchten Sie den Fahrplan für Ihre Leben erarbeiten und erfahren, was Sie antreibt? Möchten Sie in Zukunft Ihre persönlichen Ziele auch wirklich erreichen – und dies spielerische ohne Druck und „Kampf"?

Informieren Sie sich auf meiner Homepage unter www.stephanschmitt.com oder schreiben Sie mir info@stephanschmitt.com

Notizen